Perbualan Asas Bahasa Melayu
Situasi Ragam Harian di Malaysia

马来语情景口语

梁 远 / 主编

岑雨洋 〔马〕巴斯里·宾·阿比迪拉（Basri bin Abdillah）/ 著

图书在版编目 (CIP) 数据

马来语情景口语 / 梁远主编. —北京：北京大学出版社，2020.10
ISBN 978-7-301-31565-1

Ⅰ. ①马… Ⅱ. ①梁… Ⅲ. ①马来语–口语–高等学校–教材 Ⅳ. ①H631.194

中国版本图书馆 CIP 数据核字 (2020) 第 156707 号

书　　名	马来语情景口语 MALAIYU QINGJING KOUYU
著作责任者	梁远　主编 岑雨洋　〔马〕巴斯里·宾·阿比迪拉（Basri bin Abdillah）　著
责任编辑	王铁军
马来文校对	〔马〕Siti Nur Aqilah Binti Anuar
插图绘制	莫溰怡　李佩莹
标准书号	ISBN 978-7-301-31565-1
出版发行	北京大学出版社
地　　址	北京市海淀区成府路 205 号　100871
网　　址	http://www.pup.cn　　新浪微博：@北京大学出版社
电子信箱	pkupress_yan@qq.com
电　　话	邮购部 010-62752015　发行部 010-62750672 编辑部 010-62754144
印刷者	北京虎彩文化传播有限公司
经销者	新华书店 720 毫米 × 1020 毫米　16 开本　17.5 印张　255 千字 2020 年 10 月第 1 版　2023 年 6 月第 2 次印刷
定　　价	58.00 元（含视频）

未经许可，不得以任何方式复制或抄袭本书之部分或全部内容。
版权所有，侵权必究
举报电话：010-62752024　电子信箱：fd@pup.pku.edu.cn
图书如有印装质量问题，请与出版部联系，电话：010-62756370

编委会

主编
梁远

副主编
覃秀红　陆进强

编委
梁　远　〔越南〕郑月兰　〔越南〕阮青海
黎春晓　〔泰国〕张亲亲　〔泰国〕葛兰
邓　凯　〔柬埔寨〕云索飞
朱　君　〔缅甸〕杜瓦底敦
唐妍懿　〔印度尼西亚〕李亚梅
岑雨洋　〔马来西亚〕巴斯里

视频处理
岑雨洋　熊慧妮　潘立童　陆倩怡

Kandungan
目　录

Pelajaran 1　Bertanya khabar
第一课　问候 ·· 1
 I. Perbualan　情景对话 ·· 1
  情景一　Pertemuan pertama kali 初次见面 ·································· 1
  情景二　Bertanya khabar sahabat lama 问候老朋友 ······················ 2
  情景三　Bertanya khabar orang yang lebih tua dan meminta diri
     问候长辈及告别 ··· 2
 II. Peluasan Kosa Kata　词汇拓展 ·· 3
 III. Latihan　练习 ··· 4
 IV. Terjemahan Perbualan　参考译文 ··· 5

Pelajaran 2　Memperkenalkan diri sendiri
第二课　自我介绍 ·· 7
 I. Perbualan　情景对话 ·· 7
  情景一　Memperkenalkan diri sendiri 1 大学新生自我介绍 1 ········ 7
  情景二　Memperkenalkan diri sendiri 2 大学新生自我介绍 2 ········ 7
  情景三　Memperkenalkan orang lain 介绍他人 ····························· 8
 II. Peluasan Kosa Kata　词汇拓展 ·· 8
 III. Latihan　练习 ··· 10

IV. Terjemahan Perbualan　参考译文··11

Pelajaran 3　Kehidupan di universiti: Dalam bilik darjah

第三课　校园生活之教室里···**12**

  I. Perbualan　情景对话···12

    情景一　Sebelum kuliah 上课前·····································12

    情景二　Semasa kuliah 课堂上·······································13

    情景三　Selepas kuliah 下课后·······································14

  II. Peluasan Kosa Kata　词汇拓展·····································14

  III. Latihan　练习··16

  IV. Terjemahan Perbualan　参考译文·································16

Pelajaran 4　Kehidupan di universiti: Dalam asrama

第四课　校园生活之宿舍里···**19**

  I. Perbualan　情景对话···19

    情景一　Lokasi asrama 宿舍位置····································19

    情景二　Berbincang tentang peraturan asrama 谈论舍规·······20

    情景三　Bertanya tentang pemilikan barang peribadi 询问物品归属·········21

  II. Peluasan Kosa Kata　词汇拓展·····································21

  III. Latihan　练习··23

  IV. Terjemahan Perbualan　参考译文·································23

Pelajaran 5　Kehidupan di universiti: Di kantin

第五课　校园生活之食堂里···**26**

  I. Perbualan　情景对话···26

    情景一　Memilih kantin 选择食堂··································26

情景二　Memilih lauk-pauk 选择菜品 ………………………… 27

情景三　Mengisi wang dan melapor kehilangan kad 饭卡充值与挂失 ……… 27

II. Peluasan Kosa Kata　词汇拓展 ……………………………… 28

III. Latihan　练习 …………………………………………… 30

IV. Terjemahan Perbualan　参考译文 ……………………………… 30

Pelajaran 6　Cuaca

第六课　天气 ………………………………………………… 33

I. Perbualan　情景对话 ………………………………………… 33

情景一　Cuaca di Nanning 南宁的天气 ………………………… 33

情景二　Cuaca di Malaysia 马来西亚的天气 …………………… 34

情景三　Keadaan kehidupan dalam cuaca panas 生活在炎热的季节里 …… 35

II. Peluasan Kosa Kata　词汇拓展 ……………………………… 35

III. Latihan　练习 …………………………………………… 37

IV. Terjemahan Perbualan　参考译文 ……………………………… 38

Pelajaran 7　Pakaian

第七课　衣着 ………………………………………………… **40**

I. Perbualan　情景对话 ………………………………………… 40

情景一　Pakaian tradisional 传统服饰 ………………………… 40

情景二　Membeli baju di kedai 在商店购买衣服 ………………… 41

情景三　Memilih pakaian untuk ke aktiviti di luar 选择外出活动的衣服 …… 42

II. Peluasan Kosa Kata　词汇拓展 ……………………………… 42

III. Latihan　练习 …………………………………………… 44

IV. Terjemahan Perbualan　参考译文 ……………………………… 45

Pelajaran 8　Keluarga saya
第八课　我的家庭 ·· **47**

　I. Perbualan　情景对话 ··· 47

　　情景一　Pengenalan keluarga 介绍家庭 ························· 47

　　情景二　Pekerjaan dan kegemaran anggota keluarga 家庭成员职业和爱好 · 48

　　情景三　Aktiviti keluarga 家庭日常活动 ······················ 48

　II. Peluasan Kosa Kata　词汇拓展 ·································· 49

　III. Latihan　练习 ·· 51

　IV. Terjemahan Perbualan　参考译文 ······························ 51

Pelajaran 9　Bandar tempat asal saya
第九课　我的家乡 ·· **54**

　I. Perbualan　情景对话 ··· 54

　　情景一　Memperkenalkan bandar tempat asal saya 介绍我的家乡 ········ 54

　　情景二　Makanan dan keistimewaan di tempat asal 家乡饮食与特产 ······ 55

　　情景三　Memperkenalkan kawasan pentadbiran di Malaysia
　　　　　　介绍马来西亚行政区划 ····································· 56

　II. Peluasan Kosa Kata　词汇拓展 ·································· 57

　III. Latihan　练习 ·· 59

　IV. Terjemahan Perbualan　参考译文 ······························ 59

Pelajaran 10　Kawan saya
第十课　我的朋友 ·· **62**

　I. Perbualan　情景对话 ··· 62

　　情景一　Memperkenalkan kawan 介绍朋友 ······················· 62

　　情景二　Berbual dengan kawan 和朋友聊天儿 ··················· 63

情景三　Hubungan antara kawan 朋友关系·················64

II. Peluasan Kosa Kata　词汇拓展·····························65

III. Latihan　练习···67

IV. Terjemahan Perbualan　参考译文··························67

Pelajaran 11　Kegemaran saya
第十一课　我的爱好···**70**

I. Perbualan　情景对话···70

情景一　Membaca buku dan surat khabar 读书看报·······70

情景二　Menyanyi dan menari 唱歌跳舞·····················71

情景三　Menulis puisi dan pantun 写诗歌和班顿············72

II. Peluasan Kosa Kata　词汇拓展·····························73

III. Latihan　练习···75

IV. Terjemahan Perbualan　参考译文··························75

Pelajaran 12　Impian saya
第十二课　我的理想···**78**

I. Perbualan　情景对话···78

情景一　Apa itu impian? 什么是理想？·······················78

情景二　Impian saya 我的理想································79

情景三　Bagaimana mencapai impian? 如何实现理想？···80

II. Peluasan Kosa Kata　词汇拓展·····························81

III. Latihan　练习···83

IV. Terjemahan Perbualan　参考译文··························83

Pelajaran 13　Bertanya arah jalan

第十三课　问路 ··· **86**

　I. Perbualan　情景对话 ··· 86

　　情景一　Bertanya arah jalan di kampus 在校园里问路 ········· 86

　　情景二　Bertanya arah tuju di jalan raya 在街上问路 ············· 87

　　情景三　Bertanya arah tuju di lapangan terbang 在机场问路 ····· 88

　II. Peluasan Kosa Kata　词汇拓展 ····································· 89

　III. Latihan　练习 ··· 91

　IV. Terjemahan Perbualan　参考译文 ································ 92

Pelajaran 14　Pengangkutan awam

第十四课　公共交通 ··· **94**

　I. Perbualan　情景对话 ··· 94

　　情景一　Menaiki Metro 搭乘地铁 ································ 94

　　情景二　Menaiki Bas 搭乘公交 ··································· 95

　　情景三　Menaiki kereta api laju 搭乘高铁 ······················· 96

　II. Peluasan Kosa Kata　词汇拓展 ····································· 97

　III. Latihan　练习 ··· 98

　IV. Terjemahan Perbualan　参考译文 ································ 98

Pelajaran 15　Makanan dan minuman

第十五课　饮食 ··· **101**

　I. Perbualan　情景对话 ··· 101

　　情景一　Memilih masakan di restoran 在餐厅点菜 ·············· 101

　　情景二　Makanan di Malaysia 马来西亚美食 ···················· 102

情景三　Makanan di China 中国美食 ··· 103

II. Peluasan Kosa Kata　词汇拓展 ··· 104

III. Latihan　练习 ··· 105

IV. Terjemahan Perbualan　参考译文 ··· 105

Pelajaran 16　Berjumpa doktor

第十六课　看病 ·· **108**

I. Perbualan　情景对话 ·· 108

情景一　Suatu hari apabila ditimpa sakit 有一天生病了 ············· 108

情景二　Berjumpa doktor di klinik 在诊所看病 ······················· 109

情景三　Melawat kawan yang sakit di hospital 去医院看望生病的朋友 ··· 110

II. Peluasan Kosa Kata　词汇拓展 ··· 111

III. Latihan　练习 ··· 113

IV. Terjemahan Perbualan　参考译文 ··· 113

Pelajaran 17　Rekreasi: Menonton filem

第十七课　休闲活动之看电影 ··· **116**

I. Perbualan　情景对话 ·· 116

情景一　Berbincang tentang filem-filem baharu 谈论最新电影 ······· 116

情景二　Mengajak kawan menonton filem 邀请朋友看电影 ·········· 117

情景三　Memberikan pandangan tentang filem 评论电影 ············· 118

II. Peluasan Kosa Kata　词汇拓展 ··· 119

III. Latihan　练习 ··· 120

IV. Terjemahan Perbualan　参考译文 ··· 120

Pelajaran 18　Rekreasi: Menonton persembahan muzik

第十八课　休闲活动之观看演唱会 ·· **123**

　　I. Perbualan　情景对话 ·· 123

　　　　情景一　Penyanyi yang diminati 谈论喜欢的歌手 ··························· 123

　　　　情景二　Membeli tiket untuk menonton konsert muzik 买票看演唱会 ······ 124

　　　　情景三　Komen setelah selesai konsert muzik 演唱会后的评论 ············ 125

　　II. Peluasan Kosa Kata　词汇拓展 ·· 126

　　III. Latihan　练习 ··· 126

　　IV. Terjemahan Perbualan　参考译文 ·· 127

Pelajaran 19　Rekreasi: Menonton pementasan tradisional Melayu

第十九课　休闲活动之观看马来传统舞台剧 ······································ **129**

　　I. Perbualan　情景对话 ·· 129

　　　　情景一　Menonton persembahan teater tradisional Makyung ··············· 129
　　　　　　　　观看传统戏剧玛蓉

　　　　情景二　Menonton Wayang Kulit 观看皮影戏 ································· 130

　　　　情景三　Pertandingan berbalas pantun 班顿比赛 ······························· 131

　　II. Peluasan Kosa Kata　词汇拓展 ·· 132

　　III. Latihan　练习 ··· 133

　　IV. Terjemahan Perbualan　参考译文 ·· 133

Pelajaran 20　Melancong: Menempah hotel dan tiket

第二十课　旅行之订酒店和机票 ··· **136**

　　I. Perbualan　情景对话 ·· 136

　　　　情景一　Memilih destinasi melancong 选择旅游目的地 ····················· 136

　　　　情景二　Menempah hotel 订酒店 ··· 137

情景三　Menempah tiket bas 订车票 ··· 138

II. Peluasan Kosa Kata　词汇拓展 ··· 139

III. Latihan　练习 ··· 140

IV. Terjemahan Perbualan　参考译文 ··· 141

Pelajaran 21　Melancong: Tempat pelancongan di China
第二十一课　旅游之中国的旅游景点 ··· **144**

I. Perbualan　情景对话 ··· 144

情景一　Ibu kota China, bandar raya Beijing 中国首都北京 ················· 144

情景二　Bandar raya Shanghai 大都市上海 ··· 145

情景三　Bandar raya Guangzhou 大都市广州 ··· 146

II. Peluasan Kosa Kata　词汇拓展 ··· 147

III. Latihan　练习 ··· 148

IV. Terjemahan Perbualan　参考译文 ··· 148

Pelajaran 22　Melancong: Tempat pelancongan di Malaysia
第二十二课　旅游之马来西亚旅游景点 ··· **151**

I. Perbualan　情景对话 ··· 151

情景一　Tempat menarik di Kuala Lumpur 吉隆坡的旅游景点 ············· 151

情景二　Berkunjung ke Melaka 到访马六甲 ··· 152

情景三　Melawat bandar raya Kuching, Sarawak 游览砂拉越州古晋市 ··· 153

II. Peluasan Kosa Kata　词汇拓展 ··· 154

III. Latihan　练习 ··· 156

IV. Terjemahan Perbualan　参考译文 ··· 156

Pelajaran 23　Taman riadah
第二十三课　休闲公园 ··· **159**

- I. Perbualan　情景对话 ··· 159
  - 情景一　Melawat taman bunga 游览花园 ················ 159
  - 情景二　Melawat zoo 游览动物园 ·························· 160
  - 情景三　Melawat Gunung Qingxiu 游览青秀山 ········· 161
- II. Peluasan Kosa Kata　词汇拓展 ···························· 162
- III. Latihan　练习 ·· 163
- IV. Terjemahan Perbualan　参考译文 ························ 163

Pelajaran 24　Sukan dan permainan
第二十四课　体育运动 ··· **166**

- I. Perbualan　情景对话 ··· 166
  - 情景一　Perbualan tentang jenis sukan yang disukai 谈论喜欢的运动 ······ 166
  - 情景二　Menonton perlawanan bola sepak 观看足球赛 ········ 167
  - 情景三　Faedah bersukan 运动的好处 ···················· 168
- II. Peluasan Kosa Kata　词汇拓展 ···························· 169
- III. Latihan　练习 ·· 171
- IV. Terjemahan Perbualan　参考译文 ························ 171

Pelajaran 25　Membeli-belah di pasar raya
第二十五课　在超市购物 ······································· **174**

- I. Perbualan　情景对话 ··· 174
  - 情景一　Dalam pasar raya 在超市里 ······················· 174
  - 情景二　Memilih barang 选购商品 ························· 175

情景三　Membayar di kaunter 在柜台付款 …………………… 176

　II. Peluasan Kosa Kata　词汇拓展 …………………………………… 177

　III. Latihan　练习 …………………………………………………… 179

　IV. Terjemahan Perbualan　参考译文 ……………………………… 179

Pelajaran 26　Membeli-belah di pasar malam
第二十六课　在夜市购物 ……………………………………………… **182**

　I. Perbualan　情景对话 …………………………………………… 182

　　情景一　Memilih buah-buahan 选购水果 ……………………… 182

　　情景二　Memilih daging dan sayur 选购肉和蔬菜 …………… 183

　　情景三　Makan di pasar malam 在夜市吃饭 ………………… 184

　II. Peluasan Kosa Kata　词汇拓展 …………………………………… 185

　III. Latihan　练习 …………………………………………………… 186

　IV. Terjemahan Perbualan　参考译文 ……………………………… 186

Pelajaran 27　Penggunaan telefon pintar
第二十七课　使用智能手机 …………………………………………… **189**

　I. Perbualan　情景对话 …………………………………………… 189

　　情景一　Perbualan tentang jenama telefon pintar 谈论智能手机品牌 …… 189

　　情景二　Mengguna telefon pintar 使用智能手机 ……………… 190

　　情景三　Membayar dengan telefon pintar 使用智能手机支付 …………… 191

　II. Peluasan Kosa Kata　词汇拓展 …………………………………… 192

　III. Latihan　练习 …………………………………………………… 193

　IV. Terjemahan Perbualan　参考译文 ……………………………… 193

Pelajaran 28　Penggunaan Internet

第二十八课　使用互联网 ·· **196**

　I. Perbualan　情景对话 ··· 196

　　情景一　Membeli-belah secara dalam talian 在线购物 ················ 196

　　情景二　Belajar secara dalam talian 在线学习 ························· 197

　　情景三　Bekerja secara dalam talian 在线办公 ························· 198

　II. Peluasan Kosa Kata　词汇拓展 ··· 199

　III. Latihan　练习 ·· 200

　IV. Terjemahan Perbualan　参考译文 ···································· 200

Pelajaran 29　Bank

第二十九课　银行 ··· **203**

　I. Perbualan　情景对话 ··· 203

　　情景一　Bertanya tentang perkhidmatan bank 询问银行业务 ······· 203

　　情景二　Memasukkan dan mengeluarkan wang 存钱和取钱 ········ 204

　　情景三　Penggunaan mesin ATM 使用 ATM 取款机 ·················· 205

　II. Peluasan Kosa Kata　词汇拓展 ··· 206

　III. Latihan　练习 ·· 207

　IV. Terjemahan Perbualan　参考译文 ···································· 207

Pelajaran 30　Perjalanan ke luar negara

第三十课　出国旅行 ·· **210**

　I. Perbualan　情景对话 ··· 210

　　情景一　Menguruskan visa 办理签证业务 ······························ 210

　　情景二　Penghantaran bagasi 托运行李 ································· 211

　　情景三　Masuk Malaysia 入境马来西亚 ································ 212

II. Peluasan Kosa Kata　词汇拓展 ·· 213

III. Latihan　练习 ·· 214

IV. Terjemahan Perbualan　参考译文 ····································· 214

Pelajaran 31　Memohon jawatan kosong

第三十一课　求职 ·· **217**

 I. Perbualan　情景对话 ·· 217

  情景一　Mencari peluang pekerjaan 寻找求职机会 ··············· 217

  情景二　Menyediakan CV atau butiran diri 准备个人简历和自述 ········ 218

  情景三　Temuduga pekerjaan 求职面试 ························· 219

 II. Peluasan Kosa Kata　词汇拓展 ·· 220

 III. Latihan　练习 ·· 221

 IV. Terjemahan Perbualan　参考译文 ····································· 221

Pelajaran 32　Hari Perayaan

第三十二课　节日庆典 ·· **224**

 I. Perbualan　情景对话 ·· 224

  情景一　Perayaan Hari Raya Aidilfitri di Malaysia

     在马来西亚庆祝开斋节 ··································· 224

  情景二　Menyambut Tahun Baharu Cina di Malaysia

     在马来西亚庆祝华人新年 ································ 225

  情景三　Menyambut Hari Deepavali di Malaysia

     在马来西亚庆祝屠妖节 ··································· 226

 II. Peluasan Kosa Kata　词汇拓展 ·· 227

III. Latihan　练习 ·· 228

IV. Terjemahan Perbualan　参考译文 ································· 228

Senarai Kosa Kata

单词总表 ·· 231

前　言

本教材是广西民族大学东南亚语言文化学院马来语专业根据时代发展特点和教学改革需求，结合中国学生学习马来语的习惯重新编写的一本适用于我国大学本科马来语专业口语课程的新教材。教材编写组成员包括中国教师和外籍教师（专家），从本书的整体框架到具体的情景设置，"中""外"合作，互相把关，力求呈现地道马来语口语的同时，也保证教材的"可学性"，难度由浅入深，循序渐进。

长期以来，马来语语音学习都是以拼读字母的方式开始，忽略了听音模仿这一学习语言的基本过程。随着信息技术的发展，随时随地听到地道的马来语已经成为可能，语言教学环境的创设更加便利。有效运用这种语言学习的工具是提高外语学习效率和质量的重要途径。本教材秉承"听说领先"的原则，以马来西亚人录制的情景对话视频为配套，提供最纯正、最地道的马来语口语表达习惯，让零基础的马来语学习者先以视听入门，模仿视频对话。通过大量的模仿练习，学生可以形成良好的马来语思维习惯，进而转入"说"的输出阶段，实现脱口而出便是地道马来语的目标。

本教材共三十二课，每课分为三个情景对话。第一课到第十六课的情景设置首先从基本的问候和自我介绍开始，再进入与学生日常生活息息相关的校园生活情景话题，如天气、衣着、个人爱好、个人理想、问路、交通等。第十七课到第三十二课的课程设计，在前期的语言技能基础上，向外延伸至各项社会活动，如看电影、看演唱会、旅游、网购、手机生活、求职、庆祝节日等。

为鼓励初学者开口说马来语，本书把口语学习侧重于"说"，不过多强调单个词语的拼写，或者某个语法知识点的绝对规范性，从而减少学生对文字和书本的依赖。因此，本教材并未列出对话生词或对情景对话中的语法点进行专门解释，只在全书最后列出全书对话的单词总表以供参考。

为了方便学生的学习使用，本书的所有情景对话视频内容都可以通过扫描二维码的方式获取，学生可通过观看情景对话视频，随时随地营造"马来语情景"，方便学习。

尽管编写组成员已尽心尽力，但由于水平有限，难免还会出现错漏，不足之处敬请各方专家和广大读者不吝赐教！

作者

2019 年 6 月 25 日

于相思湖畔

Pelajaran 1　Bertanya khabar
第一课　问候

扫码收看视频

I. Perbualan
一、情景对话

Perbualan 1　Pertemuan pertama kali
情景一　初次见面

Hany:　Awak apa khabar?

Wily:　Baik.

Hany:　Siapa nama awak?

Wily:　Saya Wily.

Hany:　Oh, nama saya Hany.

Wily:　Oh, gembira dapat berkenalan dengan awak.

Hany:　Saya pun.

Wily:　Awak asal mana?

Hany:　Saya asal dari Kuala Lumpur. Saya orang Malaysia.

Wily:　Saya dari Beijing.

Hany:　Oh.

Perbualan 2　Bertanya khabar sahabat lama
情景二　问候老朋友

Hassan:　Selamat pagi.
Fatimah:　Selamat pagi.
Hassan:　Lama tak jumpa ya.
Fatimah:　Ya, betul tu.
Hassan:　Awak buat apa sekarang?
Fatimah:　Saya bekerja di Syarikat Proton, sudah 4 tahun saya kerja kat sana.
Hassan:　Bagus tu. Saya dah bersara.
Fatimah:　Tapi awak masih nampak muda dan sihat je.
Hassan:　Betulkah? Terima kasihlah.
Fatimah:　Haha, ya, sama-sama.

Perbualan 3　Bertanya khabar orang yang lebih tua dan meminta diri
情景三　问候长辈及告别

Lily:　Selamat petang, encik.
Hassan:　Petang, Lily.
Lily:　Encik bagaimana sekarang? Sihat?
Hassan:　Ya, sihat, terima kasih.
Lily:　Encik selalu main bolakah?
Hassan:　Ya, selalu dengan encik Umar. Lily bagaimana?

Lily: Aduh, saya sekarang pening kepala!

Hassan: Pergilah ke hospital, nanti melarat pula, susah nanti.

Lily: Baik encik. Terima kasih ya. Saya minta diri dulu ya.

Hassan: Oklah Lily, jumpa lagi.

Lily: Ok, jumpa lagi.

II. Peluasan Kosa Kata
二、词汇拓展

（一）问候语

(1) selamat pagi	早上好	(2) selamat tengah hari	中午好
(3) selamat petang	下午好	(4) selamat malam	晚上好；晚安
(5) selamat datang	欢迎光临	(6) selamat jalan	一路平安
(7) salam sejahtera	敬祝和平		
(8) -Assalamualaikum.	你好。	(9) -Apa khabar?	你好吗?
-Walaikum salam.	你好。	-Khabar baik.	我很好。

（二）疑问词

(1) apa	什么	(2) siapa	谁
(3) mana	哪里	(4) bagaimana	怎么样
(5) bila	什么时候	(6) berapa	多少

（三）人称代词

	第一人称	第二人称	第三人称
单数	(1) saya 我 (2) aku 我 (3) beta 朕 (4) patik 奴才 (5) hamba 奴才	(1) awak 你 (2) kamu 你 (3) anda 你 (4) engkau 你 (5) saudara (saudari) 你 (6) tuanku 陛下；殿下 (7) tuan hamba 主人；阁下	(1) dia 他；她 (2) ia 它 (3) beliau 他（尊称） (4) baginda 陛下；皇上
	第一人称	第二人称	第三人称
复数	(1) kami 我们 (2) kita 咱们	(1) kamu 你们 (2) kalian 你们	mereka 他们

III. Latihan
三、练习

1. 请注意下列句子中画横线的单词，并用学过的单词进行替换练习。

   (1) <u>Saya</u> <u>Wily</u>. 我叫威利。

   (2) Nama <u>saya</u> <u>Hany</u>. 我叫哈妮。

   (3) <u>Saya</u> asal dari <u>Kuala Lumpur</u>. 我来自吉隆坡。

   (4) <u>Saya</u> orang <u>Malaysia</u>. 我是马来西亚人。

   (5) <u>Saya</u> kerja di <u>Syarikat Proton</u>. 我在宝腾公司工作。

2. 模仿视频语音语调，反复跟读。并模仿视频内容，分组录制对话视频。

IV. Terjemahan Perbualan
四、参考译文

情景一　初次见面

哈妮：你好吗？
威利：很好。
哈妮：你叫什么名字？
威利：我叫威利。
哈妮：哦，我叫哈妮。
威利：哦，很高兴认识你。
哈妮：我也是。
威利：你来自哪里？
哈妮：我来自吉隆坡，我是马来西亚人。
威利：我来自北京。
哈妮：哦。

情景二　问候老朋友

哈桑：　　早上好。
法蒂玛：早上好。
哈桑：　　好久不见啊。
法蒂玛：对啊。
哈桑：　　你现在做什么工作？
法蒂玛：我在宝腾公司工作，已经在那儿工作4年了。
哈桑：　　挺好的。我已经退休了。
法蒂玛：但是你看起来还很年轻、健康啊。

哈桑： 真的吗？谢谢啦。

法蒂玛：哈哈，不客气。

情景三　问候长辈及告别

莉莉：下午好，先生。

哈桑：下午好，莉莉。

莉莉：先生现在怎么样？一切安好吧？

哈桑：是的，一切安好，谢谢。

莉莉：先生经常打球吗？

哈桑：是的，经常和乌玛先生打球。你怎么样啊？

莉莉：唉，我现在头特别疼。

哈桑：那赶紧去医院吧，不然往后就更难治了。

莉莉：好的，先生。谢谢，我先告辞了。

哈桑：好的，莉莉。再见。

莉莉：再见。

Pelajaran 2   Memperkenalkan diri sendiri
第二课   自我介绍

I. Perbualan
一、情景对话

Perbualan 1   Memperkenalkan diri sendiri 1
情景一   大学新生自我介绍 1

Aina: Selamat pagi semua. Saya Aina. Saya datang dari Kota Liuzhou, Guangxi. Saya berumur 18 tahun. Saya belajar bahasa Mandarin di Universiti Bangsa-bangsa Guangxi. Saya suka mendengar radio dan menonton televisyen. Sekian, terima kasih.

Perbualan 2   Memperkenalkan diri sendiri 2
情景二   大学新生自我介绍 2

Basri: Salam sejahtera semua. Nama saya Basri bin Abdillah. Saya berasal dari negeri Sarawak. Umur saya 19 tahun. Saya belajar bahasa Melayu di Universiti Bangsa-bangsa Guangxi. Hobi saya bermain bola sepak. Saya juga suka menyanyi dan menari. Sekian, terima kasih.

Perbualan 3　Memperkenalkan orang lain
情景三　介绍他人

Lily:　　Selamat tengah hari encik.
Hassan: Selamat tengah hari. Siapa dia ini?
Lily:　　Dia kawan sekelas saya.
Hassan: Oh, dia belajar apa?
Lily:　　Dia belajar bahasa Melayu.
Hassan: Siapa namanya?
Lily:　　Namanya Zalikha, dia berasal dari Guangzhou, Provinsi Guangdong.
Hassan: Oh begitu. Tahun ini berapa umurnya?
Lily:　　20 tahun, encik.
Hassan: Wah, awak semua muda belaka, harus belajar bersungguh-sungguh ya.
Lily:　　Ok, baiklah. Jumpa lagi encik.
Hassan: Ya jumpa lagi.

II. Peluasan Kosa Kata
二、词汇拓展

（一）马来语数字（一百以内）

0	1	2	3	4
kosong	satu	dua	tiga	empat
5	6	7	8	9
lima	enam	tujuh	lapan	sembilan

续表

10 sepuluh	11 sebelas	12 dua belas	13 tiga belas	14 empat belas
15 lima belas	16 enam belas	17 tujuh belas	18 lapan belas	19 sembilan belas
20 dua puluh	30 tiga puluh	40 empat puluh	50 lima puluh	60 enam puluh
70 tujuh puluh	80 lapan puluh	90 sembilan puluh		
23 dua puluh tiga	48 empat puluh lapan	57 lima puluh tujuh	59 lima puluh sembilan	61 enam puluh satu
73 tujuh puluh tiga	85 lapan puluh lima	94 sembilan puluh empat		

（二）大学专业

(1) ilmu matematik　　　数学　　　(2) ilmu fizik　　　物理学
(3) ilmu kimia　　　化学　　　(4) ilmu biologi　　　生物学
(5) ilmu kesusasteraan　　　文学　　　(6) ilmu perundangan　　　法学
(7) ilmu falsafah　　　哲学　　　(8) ilmu perekonomian　　　经济学
(9) ilmu pendidikan　　　教育学　　　(10) ilmu sejarah　　　历史学
(11) ilmu perubatan　　　医学

（三）兴趣爱好

(1) bermain badminton	打羽毛球	(2) bermain bola sepak	踢足球
(3) bermain bola keranjang	打篮球	(4) bermain bola pingpong	打乒乓球
(5) bermain bola biliard	打桌球	(6) bermain bola jaring	打网球
(7) bermain bola tampar	打排球	(8) menyanyi	唱歌
(9) menari	跳舞	(10) menonton televisyen	看电视
(11) berjoging	跑步	(12) berenang	游泳
(13) menulis	画画儿	(14) berbasikal	骑车
(15) bermain catur	下象棋	(16) bermain piano	弹钢琴

III. Latihan
三、练习

1. 请注意下列句子中画横线的单词，并用学过的单词进行替换练习。

   (1) a. Saya datang dari <u>Kota Liuzhou, Guangxi</u>.　　我来自广西柳州。

   　　b. Saya berasal dari <u>negeri Sarawak</u>.　　我来自砂拉越州。

   (2) a. Saya berumur <u>18</u> tahun.　　我今年 18 岁。

   　　b. Umur saya <u>19</u> tahun.　　我今年 19 岁。

   (3) Saya belajar <u>bahasa Mandarin</u> di <u>Universiti Bangsa-bangsa Guangxi</u>.

   　　我在广西民族大学学习汉语。

   (4) Saya suka <u>mendengar radio</u> dan <u>menonton televisyen</u>.

   　　我喜欢听收音机、看电视。

   (5) Hobi saya <u>bermain bola sepak</u>.　　我的爱好是踢足球。

2. 模仿视频语音语调，反复跟读。并模仿视频内容，分组录制对话视频。

IV. Terjemahan Perbualan
四、参考译文

情景一　大学新生自我介绍1

艾娜：大家好，我叫艾娜。我来自广西柳州。我今年18岁。我在广西民族大学学习汉语。我喜欢听收音机、看电视。谢谢大家。

情景二　大学新生自我介绍2

巴斯里：大家好，我叫巴斯里·宾·阿比迪拉。我来自砂拉越州。我今年19岁。我在广西民族大学学习马来语。我的爱好是踢足球。我也喜欢唱歌和跳舞。谢谢大家。

情景三　介绍他人

莉莉：中午好，先生。
哈桑：中午好。她是谁？
莉莉：她是我的同班同学。
哈桑：哦，她是学什么的？
莉莉：她学马来语。
哈桑：她叫什么名字？
莉莉：她叫扎丽卡，她来自广东省广州市。
哈桑：哦，这样啊。她今年多大了？
莉莉：先生，她20岁了。
哈桑：哇，你们都很年轻啊，要努力学习啊。
莉莉：好的，先生再见。
哈桑：好，再见。

扫码收看视频

Pelajaran 3 Kehidupan di universiti: Dalam bilik darjah
第三课 校园生活之教室里

I. Perbualan
一、情景对话

Perbualan 1 Sebelum kuliah
情景一 上课前

Alli: Hai Hany. Selamat pagi.
Hany: Hai Alli.
Alli: Hari ini kita mula belajar bahasa Melayu.
Hany: Aa'ah, betul. Awak tau ke siapa pensyarah kita?
Alli: Saya tau, namanya Encik Umar.
Hany: Eh, awak dah ke baca buku bahasa Melayu?
Alli: Sudah. Saya sudah habis baca buku ni semalam.
Hany: Amboi, rajinnya awak!
Alli: Eh, saya lupa bawa penlah! Pinjam pen awak boleh?

Hany: Boleh, nah!
Alli: Terima kasih.
Hany: Ok, sama-sama.

Perbualan 2   Semasa kuliah
情景二　课堂上

Hany: (Hany Bangun.) Selamat pagi encik.
Encik Abu: Selamat pagi Hany, sila duduk. (Hany duduk.)
Hany: Encik, apa yang kita akan belajar hari ini?
Encik Abu: Hari ini saya akan mengajar Pelajaran 1, *Kehidupan di universiti*.
Hany: Oh, *Kehidupan di universiti*. Saya memang suka universiti kita.
Encik Abu: Baiklah Hany, sila buka halaman 35. Mari kita baca teksnya dulu.
Hany: (Hany sedang membaca buku teks.) Saya sudah habis baca. Nanti kita akan buat apa lagi?
Encik Abu: Sekarang saya mahu Hany tulis sebuah karangan tentang kehidupan di universiti.
Hany: Baiklah. (Hany sedang menulis karangan yang bertajuk *Kehidupan di Universiti*.)
Encik Abu: Hany, sekarang sudah pukul 12.00 tengah hari, kuliah hari ini sudah selesai.
Hany: (Hany bangun.) Terima kasih encik.

Encik Abu:　Sama-sama Hany. Jumpa lagi.

Perbualan 3　Selepas kuliah
情景三　下课后

Hany:　(Hany mengeluh.) Aduh, susahnya kuliah tadi.
Alli:　Susah? Saya rasa tak susah pun, senang saja.
Hany:　Walaupun saya dengar dengan teliti, tapi masih juga kurang faham.
Alli:　Kalau masih tak faham, nanti besok saya jelaskan kepada awak, ok?
Hany:　Ok, itu bagus.
Alli:　Tadi Encik Umar suruh kita buat kerja sekolah.
Hany:　Pasal apa?
Alli:　Pasal keindahan kampus kita, tapi kita kena gunakan PowerPoint.
Hany:　Oh begitu. Tak ada masalah. Saya akan siapkan dengan cepat.
Alli:　Eii, semangatnya awak.
Hany:　Mestilah.

II. Peluasan Kosa Kata
二、词汇拓展

（一）时间名词

(1) hari ini　　今天　　　　(2) semalam　　昨天

Pelajaran 3　Kehidupan di universiti: Dalam bilik darjah　第三课　校园生活之教室里

(3) besok/esok　　明天　　　　　(4) lusa　　　　　后天
(5) tulat　　　　　大后天　　　　(6) jam/pukul　　点
(7) waktu rehat　　休息时间　　　(8) waktu lapang　空闲时间

（二）感叹词

(1) amboi/alamak　天啊，表示惊叹　(2) eh　　　表示呼叫他人或表示沮丧
(3) oh　　　　　　表示恍然大悟　　(4) aduh　　表示十分疼痛
(5) cis　　　　　　表示愤怒或生气　(6) hai　　　用于打招呼
(7) wah　　　　　　表示惊奇或惊叹　(8) aduhai　表示伤心或难过
(9) syabas　　　　表示祝贺或喝彩

（三）教室主题

(1) jadual waktu　　课程表　　　　(2) papan hitam　　　黑板
(3) kapur tulis　　粉笔　　　　　(4) pemadam papan hitam　黑板擦
(5) glob　　　　　　地球仪　　　　(6) dakwat　　　　　　墨水
(7) pen　　　　　　钢笔　　　　　(8) meja　　　　　　　桌子
(9) kerusi　　　　　椅子　　　　　(10) berus lukisan　　画笔
(11) beg　　　　　　书包　　　　　(12) penyapu　　　　　扫帚
(13) kotak pensel　　文具盒　　　　(14) pensel　　　　　　铅笔
(15) getah pemadam　橡皮　　　　　(16) pengasah pensel　削笔刀
(17) pembaris　　　　尺子　　　　　(18) buku　　　　　　　书

III. Latihan
三、练习

1. 请注意下列句子中画横线的单词，并用学过的单词进行替换练习。

    (1) Hari ini kita mula <u>belajar bahasa Melayu</u>.　今天我们开始学习马来语。

    (2) Awak tau ke <u>siapa pensyarah kita</u>?　你知道我们的老师是谁吗？

    (3) Saya sudah <u>habis baca buku ni</u> <u>semalam</u>.　我昨天已经看过书了。

    (4) Hari ini saya akan <u>mengajar Pelajaran 1</u>.　今天我要教第一课。

    (5) <u>Aduh</u>, <u>susahnya</u> kuliah tadi.　哎哟，刚才的课太难了。

    (6) Walaupun saya <u>dengar</u> dengan <u>teliti</u>, tapi masih juga <u>kurang faham</u>.

    尽管我听得很认真了，但是还是不太理解。

2. 模仿视频语音语调，反复跟读。并模仿视频内容，分组录制对话视频。

IV. Terjemahan Perbualan
四、参考译文

情景一　上课前

阿里：嗨，哈妮，早上好。

哈妮：嗨，阿里。

阿里：今天我们开始学习马来语。

哈妮：是的。你知道我们老师是谁吗？

阿里：我知道，他叫乌玛先生。

哈妮：哎，你已经看过马来语课本了？

阿里：对啊，我昨天已经看过书了。

哈妮：哇，你可真勤奋！

阿里：哎，我忘记带笔了，借下你的笔行吗？

哈妮：可以，喏。

阿里：谢谢。

哈妮：好的，不客气。

情景二　课堂上

哈妮：　　（哈妮起立）早上好，先生。

阿布先生：早上好，哈妮，请坐下。（哈妮坐下）

哈妮：　　先生，我们今天要学什么呢？

阿布先生：今天我要教第一课《大学生活》。

哈妮：　　哦，《大学生活》，我很喜欢我们学校。

阿布先生：好了，哈妮，请打开书第 35 页。我们先读一下儿课文。

哈妮：　　（哈妮读课文）我已经读完了，接下来我们还要做什么？

阿布先生：现在我想让你写一篇关于大学生活的文章。

哈妮：　　好的。（哈妮写题为《大学生活》的文章）

阿布先生：哈妮，现在已经中午 12 点了，今天的课到此结束。

哈妮：　　（哈妮起立）谢谢先生。

阿布先生：不客气，哈妮。再见。

情景三　下课后

哈妮：（哈妮叹气）哎哟，刚才的课太难了。

阿里：难？我觉得不难啊，很简单。

哈妮：尽管我听得很认真了，但还是不太理解。

阿里：如果还不理解，明天我再给你讲解一下儿，好吗？

哈妮：好，那样很好。谢谢。

阿里：刚才乌玛先生布置了我们的作业。

哈妮：是什么？

阿里：是有关咱们学校风景的作业，但是我们得用PPT完成。

哈妮：哦，这样啊。没问题，我会尽快完成的。

阿里：哇，你可真有决心。

哈妮：当然啦。

扫码收看视频

Pelajaran 4　Kehidupan di universiti: Dalam asrama
第四课　校园生活之宿舍里

I. Perbualan
一、情景对话

Perbualan 1　Lokasi asrama
情景一　宿舍位置

Alli:　Hai Hany.
Hany:　Hai Alli.
Alli:　Kat mana asrama awak?
Hany:　Dekat Jalan Minzu, yang paling tinggi tu. Asrama saya namanya Asrama Melati.
Alli:　Tingkat berapa awak tinggal?
Hany:　Tingkat 4, bilik 406.
Alli:　Oh, begitu. Saya di Asrama Pahlawan, tingkat 2, bilik 215.
Hany:　Jadi asrama awak jauhlah dari asrama saya.
Alli:　Kalau naik bas universiti taklah jauh sangat, kira-kira 2 minit sampailah.

Hany: Betul? Oh dekat rupanya.

Alli: Oklah, saya pergi makan dulu. Nanti jumpa ya.

Hany: Ok, jumpa lagi.

Perbualan 2　Berbincang tentang peraturan asrama
情景二　谈论舍规

Hany: Hari ini hari Sabtu. Saya tak ada kuliah. Nak buat apa ini ya? Emm, elok kalau saya masak. Saya sudah lama tak makan nasi goreng. (Hany sedang leka memasak nasi goreng. Tiba-tiba muncul Encik Idris, pensyarah Hany.)

Idris: Eh, eh, Hany! Awak buat apa tu! Sudah! Sudah! Berhenti! Jangan masak lagi!

Hany: (Hany terkejut.) Kenapa saya tak boleh masak encik?

Idris: Sebab ini asrama pelajar. Dalam asrama, tidak boleh dibenarkan masak tau, nanti semua benda terbakar.

Hany: Oh maaf encik, saya baru masuk universiti ini, jadi saya kurang faham.

Idris: Baiklah tak mengapa, tapi lain kali jangan masak lagi ya.

Hany: Baiklah encik, saya takkan buat lagi.

Idris: Barang ini, saya kena bawa pulang, tak boleh guna lagi tau. (Encik Idris membawa pulang periuk nasi dan kuali leper kepunyaan Hany.)

Hany: Baiklah encik. Saya minta maaf sekali lagi ya.

Perbualan 3   Bertanya tentang pemilikan barang peribadi
情景三   询问物品归属

Hany: Eh, ini iPad siapa?

Alli: Oh, ini iPad saya.

Hany: Eh, kenapa pula iPad awak ada kat sini?

Alli: Entah saya pun tak tahu. Dua hari lalu sudah puas saya cari iPad saya yang hilang ni.

Hany: Lain kali tu, simpan barang elok-elok. Jangan hilang lagi.

Alli: Terima kasih Hany.

Hany: Eh, di mana pula kamus saya ni?

Alli: Eh, awak pula hilang barang. Saya ingat kamus awak ada dalam bilik darjahlah.

Hany: Yakah? Syukurlah tak hilang.

Alli: Kita harus juga jaga barang peribadi dengan elok dan juga saling ambil tahu tau, barulah barang kita takkan hilang.

Hany: Aaah, betul tu apa awak kata.

II. Peluasan Kosa Kata
二、词汇拓展

（一）祈使词

(1) jangan　　不要　　　(2) usah　　不必

(3) sila	请		(4) jemput	邀请
(5) minta	请求		(6) tolong	请求帮助
(7) harap	希望			

（二）助词

1. 时间助词

(1) telah	已经		(2) sudah	已经
(3) pernah	曾经		(4) baru	刚；才
(5) sedang	正在		(6) sekarang	现在
(7) masih	仍然		(8) belum	还未
(9) akan	即将		(10) mula	开始

2. 情态助词

(1) hendak	想要		(2) mahu	想要
(3) harus	应该		(4) mesti	必须
(5) boleh	可以		(6) dapat	能够
(7) enggan	不愿意		(8) patut	应该
(9) mungkin	可能			

（三）宿舍主题

(1) tikar	席子		(2) katil	床
(3) bantal	枕头		(4) sarung bantal	枕头套
(5) kain cadar	床单		(6) bantal peluk	抱枕
(7) lampu tidur	床头灯		(8) langsir	窗帘
(9) pijama	睡衣		(10) kepala paip	水龙头

III. Latihan
三、练习

1. 请注意下列句子中画横线的单词，并用学过的单词进行替换练习。

   (1) Kat mana <u>asrama awak</u>?

   你的宿舍在哪里？

   (2) Asrama saya dekat Jalan <u>Minzu</u>, yang <u>paling tinggi</u> tu.

   我的宿舍在民族路上，最高那栋。

   (3) Asrama saya namanya Asrama <u>Melati</u>.

   我的宿舍名字叫茉莉花宿舍。

   (4) Saya di <u>Asrama Pahlawan</u>, tingkat <u>2</u>, bilik <u>215</u>.

   我住在英雄宿舍，2楼215号房。

   (5) Saya sudah lama tak <u>makan nasi goreng</u>.

   我已经很久没有吃炒饭了。

   (6) Ini <u>iPad</u> siapa?

   这是谁的iPad？

2. 模仿视频语音语调，反复跟读。并模仿视频内容，分组录制对话视频。

IV. Terjemahan Perbualan
四、参考译文

情景一　宿舍位置

阿里：嗨，哈妮。

哈妮：嗨，阿里。

阿里：你的宿舍在哪里？

哈妮：在民族路上，最高的那栋。我的宿舍名字叫茉莉花宿舍。

阿里：你住在几楼？

哈妮：我住在4楼406号房。

阿里：哦，这样。我住在英雄宿舍，2楼215号房。

哈妮：那你的宿舍离我宿舍很远啊。

阿里：如果坐校车就不是很远了，大概2分钟就到了。

哈妮：真的？哦，那看起来挺近的。

阿里：好的，那我先去吃饭了，待会儿见哦。

哈妮：好的，待会儿见。

情景二　谈论舍规

哈妮：　　　今天是星期六，我没有课，该做什么呢？嗯，那就做点儿东西吃吧。我已经很久没有吃炒饭了。（哈妮正在认真地炒菜，突然她的老师伊德里斯先生出现了。）

伊德里斯：　哎，哎，哈妮，你在做什么？好了，好了，停下来，别再炒了。

哈妮：　　　（惊恐）老师，为什么我不能炒呢？

伊德里斯：　因为这是学生宿舍，在宿舍里是不能炒菜的你知道吗？不然所有的东西都烧了。

哈妮：　　　对不起，老师，我刚进学校，还不太懂。

伊德里斯：　好吧，不要紧，但下一次别再炒菜了。

哈妮：　　　好的，老师，我保证不再犯了。

伊德里斯：　这些东西，我得带回去了，不能再用了。（伊德里斯先生把哈妮的饭锅和炒菜锅都拿走了。）

哈妮：　　　好的，老师，再次表示抱歉。

情景三　询问物品归属

哈妮：哎，这是谁的 iPad？

阿里：哦，这是我的 iPad。

哈妮：为什么你的 iPad 会在我这里？

阿里：我也不知道。两天前我已经找遍了，也没找到我丢失的 iPad。

哈妮：下次放好自己的东西，别再弄丢了。

阿里：谢谢你，哈妮。

哈妮：哎，我的字典又去哪里了？

阿里：啊，你也丢东西了。我记得你的字典还在教室里。

哈妮：真的？谢天谢地没有丢。

阿里：我们应该保管好自己的东西，并且相互告知，这样我们的东西才不会丢。

哈妮：嗯，你说得对。

扫码收看视频

Pelajaran 5 Kehidupan di universiti: Di kantin
第五课 校园生活之食堂里

I. Perbualan
一、情景对话

Perbualan 1 Memilih kantin
情景一 选择食堂

Alli: Sekarang dah habis kuliah, Hany nak makan di mana?

Hany: Saya pun tak tahu lagi. Banyak sangat pilihan, susahnya.

Alli: Tak susahlah, mana-mana pun boleh makan.

Hany: Jadi jom kita makan di kantin utama? Nak tak?

Alli: Nak, bagus tu, kantin utama paling banyak pilihan.

Hany: Betul tu, saya nak makan daging, sayur, dan minum milo ais.

Alli: Elok cadangan tu, jom.

Hany: Eh, ada puan Umi di sana, ajak dia makan dengan kita nak tak?

Alli & Hany: Puan Umi, Puan Umi, Puan…

Perbualan 2   Memilih lauk-pauk
情景二   选择菜品

Encik Fadillah:	Hai, amoi. Hendak makan apa hari ini?
Hany:	Hari ini saya tak lapar sangat, jadi saya akan makan sedikit sahaja.
Encik Fadillah:	Awak nak nasi tak?
Hany:	Nak, nak nasi 1 yuan cukup jelah.
Encik Fadillah:	Nak apa lagi?
Hany:	Saya nak daging, telur, sup tomato. Sudah, itu sahaja.
Encik Fadillah:	Ada lagi tak?
Hany:	Nak teh tarik ais sebotol.
Encik Fadillah:	Jumlahnya 10 yuan saja.
Hany:	Ok, nah, ini wangnya. Tolong bungkus ya, terima kasih.
Encik Fadillah:	Sama-sama, nah, pegang ini baik-baik.
Hany:	Ok.

Perbualan 3   Mengisi wang dan melapor kehilangan kad
情景三   饭卡充值与挂失

Alli: Eh, Hany. Awak nampak risau, apa hal?

Hany: Ishh! Duit kad makan saya dah habis. Saya tak tahu nak makan bagaimana lagi lepas ni.

Alli: Hany boleh isikan duit ke dalam kad ni.

Hany: Yakah? Boleh isi berapa?

Alli: Tak kiralah, berapa Hany nak isikan, terpulang pada awaklah.

Hany: Oklah, saya akan isi 200 yuan supaya dia tak cepat habis.

Alli: Ya, awak boleh isi duit di dalam kad ini, tu dekat kaunter di sana. Awak nampak tak kaunter tu?

Hany: Oh, di situ. Baiklah.

Alli: Kalau kad Hany dah habis ataupun dah hilang, juga boleh minta bantuan di kaunter tu.

Hany: Oh yakah? Baik, terima kasih ya.

Alli: Sama-sama.

II. Peluasan Kosa Kata
二、词汇拓展

（一）加强词

1. 前置加强词

(1) terlalu	太	(2) paling	最
(3) agak	相当	(4) cukup	足够
(5) makin	越来越	(6) kurang	没那么

2. 后置加强词

(1) sekali　　　　非常　　　　(2) benar　　　　非常

(3) betul　　　　的确　　　　(4) nian　　　　很；非常

3. 自由加强词

(1) amat　　　　非常　　　　(2) sangat　　　　非常，特别

(3) sungguh　　　　非常，十分

（二）重叠词

1. 完全重叠词

(1) kawan-kawan　　　　朋友　　　　(2) buku-buku　　　　书

(3) kecil-kecil　　　　小小的

2. 部分重叠词

(1) tarik-menarik　　　　互相拉住　　　　(2) bersalam-salaman　　　　互相问好

(3) tersenyum-senyum　　　　保持微笑　　　　(4) buah-buahan　　　　各种水果

(5) bertanya-tanya　　　　不停地问

3. 韵律重叠词

(1) bergotong-royong　　　　合作　　　　(2) membeli-belah　　　　购物

(3) susup-sasap　　　　潜入　　　　(4) ulang-alik　　　　徘徊

（三）食堂主题

(1) pinggan　　　　盘子　　　　(2) cawan　　　　杯子

(3) mangkuk　　　　碗　　　　(4) garpu　　　　叉子

(5) senduk　　　　汤勺　　　(6) sudu　　　勺子
(7) penyepit　　　筷子

III. Latihan
三、练习

1. 请注意下列句子中画横线的单词，并用学过的单词进行替换练习。

    (1) Jom kita makan di <u>kantin utama</u>?

    我们去主食堂吃吧？

    (2) Saya nak makan <u>daging, sayur, dan minum milo ais</u>.

    我想吃肉、蔬菜，喝冰美禄。

    (3) Jumlahnya <u>10 yuan</u> saja.

    总共 10 元。

    (4) Saya akan isi <u>200 yuan</u> ke dalam kad ni.

    我要充 200 元到饭卡里。

2. 模仿视频语音语调，反复跟读。并模仿视频内容，分组录制对话视频。

IV. Terjemahan Perbualan
四、参考译文

情景一　选择食堂

阿里：现在已经下课了，哈妮想去哪里吃饭？

哈妮：我也不知道，太多选择了，真难选。

阿里：不难啊，哪里都可以吃。
哈妮：走吧，我们去主食堂吃吧，想不想去？
阿里：想，很好，主食堂的选择特别多。
哈妮：对啊，我想吃肉、蔬菜，喝冰美禄。
阿里：这个建议很好，走吧。
哈妮：哎，乌密女士在那里，叫她和我们一起吃饭怎么样？
阿里/哈妮：乌密女士，乌密女士……

情景二　选择菜品

法迪拉先生：　嗨，阿妹。今天想吃什么？
哈妮：　　　　今天我不是很饿，只吃一点点就好了。
法迪拉先生：　你想吃米饭吗？
哈妮：　　　　想，1块钱的米饭就好了。
法迪拉先生：　还想要什么？
哈妮：　　　　我想要肉、蛋、番茄汤。好了，就这些吧。
法迪拉先生：　还有吗？
哈妮：　　　　再要一杯冰拉茶。
法迪拉先生：　总共10元。
哈妮：　　　　好，喏，这是钱。帮我打包哦，谢谢。
法迪拉先生：　不客气，喏，拿好。
哈妮：　　　　好的。

情景三　饭卡充值与挂失

阿里：哎，哈妮。你看起来很焦虑，怎么了？
哈妮：哎，我饭卡里的钱用完了，我不知道以后吃饭要怎么办了。

阿里：你可以充钱到饭卡里。

哈妮：真的？可以充多少钱？

阿里：不管你想充多少钱，都可以啦。

哈妮：好的，那我要充 200 元，这样就不会很快用完了。

阿里：对啊，你可以去那边那个窗口充钱到卡里。看到了吗，那个窗口？

哈妮：哦，在那里，好的。

阿里：如果你卡里的钱用完了或者卡丢了，也可以去那个窗口寻求帮助。

哈妮：哦，这样啊？好的，谢谢。

阿里：不客气。

Pelajaran 6　Cuaca
第六课　天气

I. Perbualan
一、情景对话

Perbualan 1　Cuaca di Nanning
情景一　南宁的天气

Ayah Hany:	Eh Hany. Bila Hany nak ke Nanning?
Hany:	Minggu depan ayah.
Ayah Hany:	Oh, cuaca di Nanning apa sekarang ya?
Hany:	Sekarang Nanning musim bunga.
Ayah Hany:	Nanning ada berapa musim Hany?
Hany:	Dekat Nanning ada empat musim, ada musim bunga, musim panas, musim gugur dan musim sejuk.
Ayah Hany:	Oh, begitu. Di Malaysia hanya ada dua musim.
Hany:	Aaah, di Malaysia ada musim hujan dan musim kemarau je.
Ayah Hany:	Baiklah Hany, Hany bawa pakaian cukup-cukup ya. Jaga diri baik-baik.

Hany: Ok ayah.

Ayah Hany: Ok.

Perbualan 2   Cuaca di Malaysia
情景二   马来西亚的天气

Lisa: Hai Paan. Betulkah di Malaysia ada dua musim?

Paan: Ya betul. Ada dua musim di Malaysia, iaitu musim hujan dan musim kemarau.

Lisa: Suhunya sepanjang tahun bagaimana pula?

Paan: Suhu purata sepanjang tahun antara 25 hingga 30 darjah Celsius.

Lisa: Oh, jadi mesti panas kan?

Paan: Taklah, sebab sudah biasa, jadi rasa selesalah, tapi kadang-kadang bahangnya tu terasa juga bila panasnya tu bercampur lembap.

Lisa: Awak suka tak cuaca kat Malaysia sana?

Paan: Ya, saya sangat suka. Udaranya sangat segar, bersih.

Lisa: Kalau ada kesempatan suatu hari nanti, saya harap dapat pergi Malaysia untuk merasa cuaca di sana.

Paan: Saya pasti awak akan suka kat Malaysia.

Perbualan 3   Keadaan kehidupan dalam cuaca panas
情景三 生活在炎热的季节里

Hany: Aduh, panasnya ni!

Ayah Hany: Yalah, dulu masa saya duduk kat Malaysia, taklah begitu panas macam ni.

Hany: Hampir 38 darjah Celsius ni, mana boleh tahan kalau macam ni?

Ayah Hany: Kalau ada *air-con* tak apalah, tapi sekarang ni *air-con* pun tak boleh guna.

Hany: Kenapa pula tak boleh guna?

Ayah Hany: Sebab ramai orang buka *air-con*, jadi bekalan lektrik tak cukup.

Hany: Eh, kat situ ada orang jual aiskrim, nak makan tak?

Ayah Hany: Nak, nak, nanti makan aiskrim kuranglah panas.

Hany: Ayah, lihat *air-con* tu sudah buka, bekalan lektrik pun dah pulihlah.

Ayah Hany: Baguslah tu, nanti saya boleh tengok TV dengan santai.

Hany: Ok ok, saya nak masak dulu ya.

II. Peluasan Kosa Kata
二、词汇拓展

（一）时间名词

1. 周（minggu）

   (1) minggu ini   本周   (2) minggu lepas   上周

(3) minggu hadapan　　下周　　　　(4) Isnin　　　　周一
(5) Selasa　　　　　　周二　　　　(6) Rabu　　　　周三
(7) Khamis　　　　　　周四　　　　(8) Jumaat　　　周五
(9) Sabtu　　　　　　 周六　　　　(10) Ahad　　　　周日

2. 月（bulan）
(1) bulan ini　　　　　本月　　　　(2) bulan lepas　　上个月
(3) bulan hadapan　　 下个月　　　(4) Januari　　　一月
(5) Februari　　　　　二月　　　　(6) Mac　　　　　三月
(7) April　　　　　　 四月　　　　(8) Mei　　　　　五月
(9) Jun　　　　　　　 六月　　　　(10) Julai　　　　七月
(11) Ogos　　　　　　 八月　　　　(12) September　　九月
(13) Oktober　　　　　十月　　　　(14) November　　 十一月
(15) Disember　　　　 十二月

3. 季（musim）
(1) musim bunga　　　春季　　　　(2) musim panas　　夏季
(3) musim gugur　　　秋季　　　　(4) musim sejuk　　冬季
(5) musim hujan　　　雨季　　　　(6) musim kemarau　旱季

4. 年（tahun）
(1) tahun ini　　　　今年　　　　(2) tahun lepas　　去年
(3) tahun hadapan　　明年

（二）英语外来词

(1) aiskrim　　　　　冰淇淋　　　(2) Celsius　　　　摄氏度

(3) universiti	大学	(4) hospital	医院
(5) radio	收音机	(6) televisyen	电视
(7) hobi	兴趣，爱好	(8) teks	课文
(9) bas	巴士，公交车	(10) kantin	餐厅
(11) ais	冰	(12) sup	汤
(13) kad	卡		

（三）气候主题

(1) ribut angin	暴风	(2) ribut hujan	暴风雨
(3) ribut salji	暴风雪	(4) taufan	台风
(5) kilat	闪电	(6) hujan batu	冰雹
(7) hujan asid	酸雨	(8) cerah ceria	晴天
(9) mendung	阴沉的	(10) banjir	水灾
(11) kabus	雾气	(12) angin	风
(13) pelangi	彩虹	(14) guruh	雷

III. Latihan
三、练习

1. 请注意下列句子中画横线的单词，并用学过的单词进行替换练习。

   (1) Bila Hany nak ke Nanning?

   （哈妮）你什么时候去南宁？

   (2) Sekarang Nanning musim bunga.

   南宁现在是春天。

(3) <u>Suhu purata</u> sepanjang tahun <u>di Malaysia</u> antara <u>25 hingga 30 darjah Celsius</u>.

马来西亚全年的平均气温在 25℃ 到 30℃ 之间。

(4) Saya boleh <u>tengok TV</u> dengan <u>santai</u>.

我可以舒服地看电视了。

2. 模仿视频语音语调，反复跟读。并模仿视频内容，分组录制对话视频。

IV. Terjemahan Perbualan
四、参考译文

情景一　南宁的天气

哈妮父亲：　哎，哈妮。你什么时候去南宁？

哈妮：　　　爸爸，下个星期。

哈妮父亲：　哦，南宁现在的天气怎么样？

哈妮：　　　南宁现在是春季。

哈妮父亲：　南宁有几个季节？

哈妮：　　　南宁有四个季节，春季、夏季、秋季和冬季。

哈妮父亲：　哦，这样。马来西亚只有两个季节。

哈妮：　　　是啊，马来西亚只有雨季和旱季。

哈妮父亲：　好，哈妮，你要带够衣服哦，照顾好自己。

哈妮：　　　好的，爸爸。

哈妮父亲：　好。

情景二　马来西亚的天气

丽莎：嗨，帕安。马来西亚是不是有两个季节？

帕安：是的，马来西亚有两个季节，雨季和旱季。
丽莎：年均气温是多少？
帕安：年均气温在 25℃ 到 30℃ 之间。
丽莎：哦，那一定很热了？
帕安：也不是很热，因为已经习以为常了，感觉还好。但有的时候如果又热又湿，就会感觉很热。
丽莎：那你喜欢马来西亚的气候吗？
帕安：喜欢啊，我非常喜欢。空气又清新又干净。
丽莎：如果以后有机会，我希望能够去马来西亚感受那里的气候。
帕安：我相信你一定会喜欢马来西亚的。

情景三　生活在炎热的季节里

哈妮：　　　哎哟，太热了！
哈妮父亲：　是啊，之前我在马来西亚住的时候都没有像现在这么热。
哈妮：　　　差不多 38℃ 了，这怎么能忍受啊？
哈妮父亲：　如果有空调也没什么问题，但现在空调也不能使用。
哈妮：　　　为什么不能用呢？
哈妮父亲：　因为太多人开空调了，供电紧缺。
哈妮：　　　哎，那里有人卖冰淇淋，想不想吃？
哈妮父亲：　想，想，吃了冰淇淋就没有那么热了。
哈妮：　　　爸爸，快看，空调已经打开了，已经恢复供电了。
哈妮父亲：　太好了，等下我可以舒服地看电视了。
哈妮：　　　好的，好的，我先去炒菜了。

Pelajaran 7　Pakaian
第七课　衣着

I. Perbualan
一、情景对话

Perbualan 1　Pakaian tradisional
情景一　传统服饰

Alli:　Selamat Hari Raya Aidilfitri, maaf zahir dan batin Hany.

Hany:　Selamat Hari Raya Aidilfitri.

Alli:　Wah, Hari ini Hany nampak cantiklah, lihat tu. Baju awak memang menarik dan istimewa. Ini baju tradisional Melayukah?

Hany:　Ya, betul. Ini Baju Kurung namanya. Ia salah satu pakaian tradisional orang Melayu di Malaysia. Baju Kurung ni berwarna-warni dan mempunyai pelbagai corak.

Alli:　Ya cantiklah. Adakah Baju Kurung dipakai pada Hari Raya saja?

Hany:　Taklah, Baju Kurung juga boleh dipakai pada hari-hari biasa dan dalam situasi rasmi.

Alli:　Oh begitu, nampaknya Baju Kurung pasti memainkan peranan penting dalam masyarakat Malaysia kan?

Hany: Aaah, ya.

Perbualan 2 Membeli baju di kedai
情景二 在商店购买衣服

Pekedai: Apa khabar, tuan, Tuan nak apa?

Pembeli: Baik. Saya nak beli baju, tapi saya tak nak yang mahal sangat.

Pekedai: Kedai ini memang jual pakaian harga sederhana. Tuan nak baju yang mana?

Pembeli: Itu, baju yang berwarna kuning tu.

Pekedai: Oh, yang berwarna kuning itu. Sekejap ya saya ambilkan.

Pembeli: Terima kasih. Berapa harga baju ni?

Pekedai: Murah saja, tiga puluh ringgit.

Pembeli: Boleh kurang tak, sikit je? Tapi saya bukan nak beli banyak pun, sehelai je untuk anak saya.

Pekedai: Boleh, kalau beli dua helai, harganya lima puluh ringgit.

Pembeli: Baiklah. Ini wangnya.

Pekedai: Ok, terima kasih.

Pembeli: Sama-sama.

Perbualan 3   Memilih pakaian untuk ke aktiviti di luar
情景三　选择外出活动的衣服

Alli: Selamat tengah hari, Hany.

Hany: Selamat tengah hari.

Alli: Hany boleh tolong saya pilih baju untuk ke luar tak?

Hany: Ya boleh, awak nak ke mana ni?

Alli: Saya nak ke Zoo Nanning.

Hany: Oh, kalau ke zoo, tak usah pakai baju dan seluar tebal. Sekarang cuaca panas, nanti akan berpeluh, kan. Leceh dan rimaslah.

Alli: Oh yakah? Betul pula. Tapi selepas ke zoo, saya nak menonton filem pula di pawagam.

Hany: Oh, kalau begitu, Alli boleh bawa jaket lengan panjang. Suhu dalam pawagam biasanya sejuk sikit.

Alli: Ok, terima kasih atas nasihat Hany ya.

Hany: Ok, sama-sama.

II. Peluasan Kosa Kata
二、词汇拓展

（一）量词

(1) buah　　个、所、本、间、座等，最常见的量词。

(2) biji　　　颗、粒等，用于形容小而圆的物体或颗粒。

(3) helai　　片、张、件、条等，用于形容薄而软的物体。

(4) ekor　　　只，用于形容动物。

(5) kuntum　　朵，用于形容花卉。

(6) batang　　枝、条、根，用于形容道路或其他长型的物体。

(7) pasang　　双、副、对，用于形容成双成对的物体。

(8) orang　　　人，用于老师、医生、警察等职业。

（二）马来西亚服饰

(1) Baju Melayu	马来传统服装	(2) Baju kurung	巴汝古隆
(3) ceongsam	长衫；旗袍	(4) doti	托蒂
(5) sari	莎丽	(6) kurta	古尔达
(7) baju kebaya	哥巴雅服	(8) tudung	头巾
(9) batik	巴迪服	(10) samping	三宾
(11) songkok	宋谷帽		

（三）服饰主题

(1) kemeja	上衣	(2) gaun	裙子
(3) seluar panjang	长裤	(4) seluar pendek	短裤
(5) seluar jeans	牛仔裤	(6) baju sejuk berbulu	毛衣
(7) gaun wanita	女装礼服	(8) jaket	夹克
(9) kot luar	大衣	(10) baju hujan	雨衣
(11) pakaian seragam	制服	(12) kasut tumit tinggi	高跟鞋
(13) kasut but	靴子	(14) selipar	拖鞋
(15) sarung kaki	袜子	(16) sarung tangan	手套
(17) selendang	围巾	(18) topi	帽子

(19) kaca mata	眼镜	(20) jam tangan	手表
(21) cincin	戒指	(22) kalung leher	项链
(23) tali pinggang	腰带		

III. Latihan
三、练习

1. 请注意下列句子中画横线的单词，并用学过的单词进行替换练习。

    (1) Baju awak memang <u>menarik dan istimewa</u>.

    你的衣服真好看，真特别。

    (2) Ini <u>baju tradisional Melayu</u>kah?

    这是马来传统服饰吗？

    (3) Ini salah satu <u>pakaian tradisonal orang Melayu</u> di <u>Malaysia</u>.

    这是马来西亚的一种马来传统服饰。

    (4) <u>Baju Kurung</u> memainkan peranan penting dalam <u>masyarakat Malaysia</u>.

    巴汝古隆在马来西亚社会中扮演着非常重要的角色。

    (5) Saya nak <u>baju yang berwarna kuning</u> itu.

    我想要那件黄色的衣服。

2. 模仿视频语音语调，反复跟读。并模仿视频内容，分组录制对话视频。

IV. Terjemahan Perbualan
四、参考译文

情景一　传统服饰

阿里：开斋节快乐，请原谅我的过失。
哈妮：开斋节快乐。
阿里：哇，哈妮你今天看起来真漂亮，瞧瞧。你的衣服真好看，真特别，这是马来传统服饰吗？
哈妮：是的，这是巴汝古隆。这是马来西亚的一种马来传统服饰。巴汝古隆色彩多样，有很多款式。
阿里：对啊，很漂亮。巴汝古隆只能在开斋节的时候穿吗？
哈妮：不，巴汝古隆既可以在平常的时候穿，也可以在正式场合穿。
阿里：哦，这样啊。看来巴汝古隆在马来西亚社会扮演着非常重要的角色啊？
哈妮：对的。

情景二　在商店购买衣服

店主：你好，先生，您有什么需要？
顾客：你好。我想买衣服，但我不想要价格太贵的。
店主：我们店卖的都是平价的衣服，先生想要哪一件？
顾客：那件，黄色那件。
店主：哦，黄色那件。稍等，我拿一下儿。
顾客：谢谢。这件多少钱？
店主：很便宜，30令吉。
顾客：可以少点儿吗？但我也不想买太多，只想再给我孩子买一件。

店主：可以，如果买两件，那就是50令吉。

顾客：好的，给你钱。

店主：好的，谢谢。

顾客：不客气。

情景三 选择外出活动的衣服

阿里：中午好，哈妮。

哈妮：中午好。

阿里：哈妮你可以帮我选一下儿外出的衣服吗？

哈妮：可以，你想去哪里？

阿里：我想去南宁动物园。

哈妮：哦，去动物园，那就不用穿太厚的衣服和裤子了。现在是夏季，到时候会出汗，很麻烦，也不舒服。

阿里：是吗？也对。但是去完动物园，我还想去电影院看电影。

哈妮：哦，这样啊，你可以带件长袖的外套。一般电影院里面的温度都有点儿低。

阿里：好的，谢谢你的建议。

哈妮：不客气。

扫码收看视频

Pelajaran 8　Keluarga saya
第八课　我的家庭

I. Perbualan
一、情景对话

Perbualan 1　Pengenalan keluarga
情景一　介绍家庭

Ehsan:　Aliah, apa khabar?

Aliah:　Khabar baik.

Ehsan:　Eh, awak tengok apa tu?

Aliah:　Oh, saya tengah tengok gambar keluarga saya.

Ehsan:　Bolehkah Aliah perkenalkan keluarga awak kepada saya?

Aliah:　Tentu boleh! Keluarga saya ada 6 orang, tengok gambar ini.

Ehsan:　Selain ibu dan bapa, ada 4 adik-beradikkah?

Aliah:　Ya, betul. Saya ada seorang abang, seorang kakak, dan seorang adik lelaki.

Ehsan:　Keluarga saya pula ada lima orang, ibu, bapa, abang, kakak, dan saya.

Aliah:　Jadi, awak paling mudalah dalam keluarga?

Ehsan:　Aaah, betul.

Perbualan 2　Pekerjaan dan kegemaran anggota keluarga
情景二　家庭成员职业和爱好

Aliah: Hai, Ehsan. Bolehkah awak bagitahu pekerjaan anggota keluarga awak?

Ehsan: Ya, boleh. Ayah saya pensyarah di Universiti Malaya, dia mengajar bahasa Melayu di Akademi Pengajian Melayu.

Aliah: Oh, bagaimana dengan emak awak? Dia pensyarah jugakah?

Ehsan: Tidak, emak saya suri rumah saja, tapi dia pandai masak nasi lemak.

Aliah: Bagaimana dengan adik-beradik awak pula?

Ehsan: Adik-beradik saya semuanya masih sekolah. Mereka bertiga belajar di Sekolah Rendah Kebangsaan Putera.

Aliah: Keluarga awak selalunya suka buat apa?

Ehsan: Keluarga saya suka makan bersama-sama khususnya pada hari Ahad.

Aliah: Oh, samalah dengan saya.

Ehsan: Bagus tu.

Perbualan 3　Aktiviti keluarga
情景三　家庭日常活动

Ehsan: Hai Aliah.

Aliah: Selamat pagi.

Ehsan: Aliah, apa aktiviti biasanya yang sering dilakukan dalam keluarga awak ya?

Aliah: Keluarga kami sering makan angin. Bapa saya memandu.

Ehsan: Wah, baguslah!

Aliah: Ya, kami sering berkelah di taman, dan bermain layang-layang bersama-sama.

Ehsan: Layang-layang itu dibeli atau buatan sendiri?

Aliah: Ayah saya pandai buat layang-layang, jadi tak perlulah beli.

Ehsan: Oh, pandai bapa awak ya. Nanti kalau saya datang rumah Aliah, awak suruh bapa awak tolong saya buat layang-layang tu, boleh tak?

Aliah: Yalah, mesti boleh. Tak ada masalah.

Ehsan: Ok.

Aliah: Ok.

II. Peluasan Kosa Kata
二、词汇拓展

（一）家庭成员

(1) datuk	爷爷；外公	(2) nenek	奶奶；外婆
(3) bapa saudara	伯父；叔叔；姑父	(4) emak saudara	伯母；婶婶；姑姑
(5) bapa	爸爸	(6) ibu/emak	妈妈
(7) abang	哥哥	(8) kakak	姐姐
(9) abang sepupu	堂哥；表哥	(10) kakak sepupu	堂姐；表姐
(11) adik lelaki	弟弟	(12) adik perempuan	妹妹
(13) adik lelaki sepupu	堂弟；表弟	(14) adik perempuan sepupu	堂妹；表妹

（二）职业

1. juru-：

(1) juruacara	节目主持人	(2) jurubahasa	翻译员
(3) juruberita	记者	(4) jurubina	建筑师
(5) jurucakap	发言人；代言人	(6) jurugambar	摄影师
(7) juruhebah	广播员；播报员	(8) jurujual	推销员
(9) jurukamera	摄影师	(10) jurulatih	教练员；教官
(11) jururawat	护士	(12) juruteknik	技术员
(13) jurutera	工程师	(14) juruterbang	飞行员；宇航员
(15) juruukur	测量师	(16) juruwang	出纳员

2. peN-/pe-：

(1) penjaja	小贩	(2) pelayan	服务员
(3) pembaca berita	新闻播报员	(4) pembuat roti	面包师傅
(5) pembantu rumah	女佣	(6) penoreh getah	割胶工人
(7) pekebun	农夫	(8) penyelamat	救生员
(9) penyanyi	歌手		

3. tukang+动词：

(1) tukang masak	厨师	(2) tukang gunting	理发师
(3) tukang besi	铁匠	(4) tukang paip	水管工人

4. 其他：

(1) ahli perniagaan/saudagar	商人	(2) nelayan	渔夫
(3) mekanik	技工	(4) pramugari	空姐
(5) pramugara	空少	(6) polis	警察

(7) doktor	医生	(8) ahli bomba	消防员
(9) peguam	律师	(10) askar	士兵

（三）频率副词

(1) sentiasa	经常；总是	(2) selalu	经常；总是；通常
(3) sering	经常，常常	(4) kerap	经常

III. Latihan
三、练习

你初到马来西亚留学，结识了一位马来西亚朋友。这位朋友邀请你去他家做客，并一一向你介绍他退休的爷爷、奶奶，在国外做生意的爸爸，做公务员的妈妈，做画家的哥哥，做医生的嫂子和正在上高中的侄子。他也询问你的家庭成员情况，你一一做了回答。请根据这段情景用马来语进行对话。

IV. Terjemahan Perbualan
四、参考译文

情景一　介绍家庭

艾山：　　你好吗，阿莉亚？
阿莉亚：　我很好。
艾山：　　哎，你看什么呢？
阿莉亚：　哦，我在看我家的照片。

艾山： 你能给我介绍一下儿你的家庭吗？
阿莉亚： 当然可以，我家有6口人，你看这张照片。
艾山： 除了爸爸妈妈之外，还有4个小孩儿？
阿莉亚： 是的，我有一个哥哥、一个姐姐和一个弟弟。
艾山： 我家有5口人，我的妈妈、爸爸、哥哥、姐姐还有我。
阿莉亚： 那你在你家是最年轻的了？
艾山： 是的。

情景二　家庭成员职业和爱好

阿莉亚： 嗨，艾山。你可以介绍一下儿你家庭成员的职业吗？
艾山： 可以。我的爸爸是马来亚大学的讲师，他在马来研究院教马来语。
阿莉亚： 那你妈妈呢？她也是讲师吗？
艾山： 不，我的妈妈是家庭主妇，她很擅长做椰浆饭。
阿莉亚： 你的兄弟姐妹呢？
艾山： 我的兄弟姐妹都还在上学。他们三个在布特拉国民小学读书。
阿莉亚： 你家平时通常都喜欢做什么？
艾山： 我家喜欢一起吃饭，尤其是星期天的时候。
阿莉亚： 哦，和我家一样。
艾山： 挺不错的。

情景三　家庭日常活动

艾山： 嗨，阿莉亚。
阿莉亚： 早上好。
艾山： 阿莉亚，你家平常都喜欢搞什么样的活动呢？
阿莉亚： 我家经常去兜风，我爸爸开车。
艾山： 哇，很棒啊！

阿莉亚： 我们经常在公园里烧烤，也经常一起放风筝。
艾山： 那些风筝是买的还是自己做的？
阿莉亚： 我爸爸很会做风筝，所以不需要买啦。
艾山： 哇，你爸爸真厉害。以后如果我去你家，让你爸爸帮我做风筝好吗？
阿莉亚： 可以，当然可以，没问题。
艾山： 好的。
阿莉亚： 好的。

扫码收看视频

Pelajaran 9　　Bandar tempat asal saya
第九课　　我的家乡

I. Perbualan
一、情景对话

Perbualan 1　　Memperkenalkan bandar tempat asal saya
情景一　介绍我的家乡

Aini:　　Selamat pagi, Usman.

Usman:　Selamat pagi, Aini.

Aini:　　Saya nak melancong ke Nanning bulan depan. Awak orang tempatan Nanning kan, boleh perkenalkan bandar Nanning kepada saya?

Usman:　Ya, boleh. Nanning ibu kota Wilayah Autonomi Zhuang Guangxi. Ia juga dikenal sebagai Kota Hijau.

Aini:　　Selain itu, Nanning ada apa lagi tarikan pelancongan?

Usman:　Kita ada Gunung Qingxiu, Taman Nanhu, Pekan Lama Yangmei, dan Taman Renmin. Tempat ini juga menarik pelancong dari dalam dan luar China.

Aini:　　Setahu saya, Nanning tapak tetap Ekspo China-ASEAN.

Usman:　Ya betul tu. Juga tempat Sidang Kemuncak Perdagangan dan Pelaburan

China-ASEAN, diadakan di Nanning setiap tahun sejak tahun 2004.

Aini: Wah, saya tak sabar nak pergi Nanning kalau macam ni.

Usman: Haha. Datanglah, nanti saya bawa awak bersiar-siar. Pasti awak akan suka Nanning.

Aini: Oh ya? Terima kasih.

Perbualan 2 Makanan dan keistimewaan di tempat asal
情景二 家乡饮食与特产

Aini: Eh, Usman. Awak asal dari mana?

Usman: Saya dari Wilayah Autonomi Zhuang Guangxi.

Aini: Ada banyak jenis makanankah di Guangxi?

Usman: Ya, makanan di Guangxi banyak jenis. Yang paling terkenal ialah bihun. Macam Bihun Laoyou di Nanning, Bihun Luosi di Liuzhou, dan Bihun Kering di Guilin.

Aini: Wah, banyaknya bihun. Orang Guangxi makan bihunkah sepanjang hari?

Usman: Taklah, biasanya orang Guangxi makan bihun untuk sarapan. Tengah hari dan malam, mereka makan bihun itu pun kadang-kadang. Mereka juga makan nasi, daging atau sayur.

Aini: Apa yang istimewa lagi di Guangxi?

Usman: Oh, Guangxi juga terkenal dengan buah longan di Bobai, arak Sanhua di Guilin, dan limau Shatian di Daerah Rongxian.

Aini: Oh begitu.

Perbualan 3   Memperkenalkan kawasan pentadbiran di Malaysia
情景三   介绍马来西亚行政区划

Aini: Hai, Karim.

Karim: Hai. Aini tahukah di Malaysia ada berapa negeri dan berapa wilayah persekutuan?

Aini: Di Malaysia ada 3 Wilayah Persekutuan, Kuala Lumpur, Putrajaya, dan Labuan. Kuala Lumpur ialah ibu kota Malaysia. Tapi ada berapa negeri tu, saya tak berapa ingatlah.

Karim: Haha, sebenarnya ada 13 negeri di Malaysia ni. Di Semenanjung, ada Negeri Perlis, Kedah, Pulau Pinang, Perak, ada Selangor, Negeri Sembilan, Melaka, Johor, ada Pahang, Kelantan dan Terengganu. Di Malaysia Timur, ada 2 negeri, iaitu Sabah dan Sarawak saja.

Aini: Di setiap negeri, ada ibu kotanya kan?

Karim: Ya, ada. Setiap negeri ada ibu kotanya. Ibu kota untuk Negeri Johor ialah Johor Bahru, ibu kota Sabah ialah Kota Kinabalu.

Aini: Selain ibu kota, ada apa lagi?

Karim: Di negeri-negeri tersebut, terdapat beberapa daerah.

Aini: Oh, begitu. Negara apa yang mengelilingi negara kita?

Karim: Malaysia bersempadan dengan Thailand di utara, Singapura dan Indonesia di Selatan, dan di timur laut tu Filipina.

Aini: Ok, saya faham.

II. Peluasan Kosa Kata
二、词汇拓展

（一）中国的行政区划

(1) Bandar Raya di Bawah Pimpinan Terus Kerajaan Pusat	直辖市
(2) Provinsi	省
(3) Wilayah Autonomi	自治区
(4) Kawasan Pentadbiran Khas	特别行政区
(5) Bandar	城市
(6) Ibu Negeri	省会，首府

（二）马来西亚的行政区划

(1) Malaysia Barat / Semenanjung	西马来西亚
(2) Malaysia Timur	东马来西亚
(3) Wilayah Persekutuan	联邦直辖区
(4) Negeri	州
(5) Ibu Negeri	州首府
(6) daerah/kawasan utama	主要县区
(7) Pulau Borneo	婆罗洲岛
(8) Pulau Kalimantan	加里曼丹岛

马来西亚各州、联邦直辖区及州首府		
州/联邦直辖区 Negeri/Wilayah Persekutuan		州首府 Ibu Negeri
联邦直辖区 Wilayah Persekutuan	Kuala Lumpur (Ibu Kota) 吉隆坡（首都）	/
	Putrajaya 布城	/
	Labuan 纳闽	/
州 Negeri	Negeri Perlis 玻璃市州	Kangar 加央
	Negeri Kedah 吉打州	Alor Setar 亚罗士打
	Negeri Pulau Pinang 槟城州	George Town 乔治市
	Negeri Perak 霹雳州	Ipoh 怡保
	Negeri Selangor 雪兰莪州	Shah Alam 莎阿南
	Negeri Sembilan 森美兰州	Seremban 芙蓉
	Negeri Melaka 马六甲州	Melaka 马六甲
	Negeri Johor 柔佛州	Johor Bahru 新山
	Negeri Pahang 彭亨州	Kuantan 关丹
	Negeri Kelantan 吉兰丹州	Kota Bharu 哥打巴鲁
	Negeri Terengganu 登嘉楼州	Kuala Terengganu 瓜拉登嘉楼
	Negeri Sabah 沙巴州	Kota Kinabalu 亚庇
	Negeri Sarawak 砂拉越州	Kuching 古晋

（三）马来语方位名词

(1) utara　　　北　　　　　(2) selatan　　　南
(3) timur　　　东　　　　　(4) barat　　　西
(5) timur laut　东北　　　　(6) tenggara　　东南
(7) barat laut　西北　　　　(8) barat daya　西南

III. Latihan
三、练习

你初到马来西亚留学，开学第一天，老师让大家介绍自己的家乡。你介绍了自己家乡的地理位置、气候，还有一些著名的景点。此外还介绍了自己家乡的一些有名的小吃，并邀请老师去你家乡做客。请根据这段情景用马来语进行对话。

IV. Terjemahan Perbualan
四、参考译文

情景一　介绍我的家乡

艾妮：　　早上好，乌斯曼。
乌斯曼：　早上好，艾妮。
艾妮：　　下个月我要去南宁旅游了，作为南宁人，你能给我介绍一下儿南宁市吗？
乌斯曼：　可以，南宁是广西壮族自治区的首府，它也被称为绿城。
艾妮：　　除此之外，南宁有什么旅游景点吗？

乌斯曼：	我们南宁有青秀山、南湖公园、扬美古镇和人民公园。南宁吸引着国内外的游客前来旅游。
艾妮：	我听说，南宁是中国-东盟博览会的永久举办地？
乌斯曼：	是的，也是中国-东盟商务与投资峰会的举办地，这两项盛会从2004年就开始在南宁举办了。
艾妮：	哇，这样的话，我迫不及待要去南宁了。
乌斯曼：	哈哈，来吧，到时候我带你到处走走，你一定会喜欢南宁的。
艾妮：	真的吗？谢谢。

情景二　家乡饮食与特产

艾妮：	哎，乌斯曼。你来自哪里啊？
乌斯曼：	我来自广西壮族自治区。
艾妮：	广西有很多美食吗？
乌斯曼：	是的，广西的美食有很多，最著名的当属米粉了，比如说南宁的老友粉、柳州的螺蛳粉，还有桂林的桂林米粉。
艾妮：	哇，好多米粉啊。广西人一整天都吃粉吗？
乌斯曼：	也不是。广西人通常早餐吃米粉，中午和晚上偶尔吃米粉，也吃米饭、肉和蔬菜。
艾妮：	广西还有什么特产吗？
乌斯曼：	哦，还有博白的龙眼、桂林的三花酒、容县的沙田柚，也都是广西最著名的特产。
艾妮：	哦，这样啊。

情景三　介绍马来西亚行政区划

艾妮：	嗨，卡里姆。
卡里姆：	嗨。艾妮，你知不知道马来西亚有多少个州和多少个联邦直辖区？

艾妮： 马来西亚有 3 个联邦直辖区，吉隆坡、布城和纳闽。吉隆坡是马来西亚的首都。至于有多少个州，我记不太清楚了。

卡里姆： 哈哈，实际上马来西亚有 13 个州。在马来半岛，有玻璃市、吉打、槟榔屿、霹雳、雪兰莪、森美兰、马六甲、柔佛、彭亨、吉兰丹和登嘉楼州；在东马来西亚，有沙巴和砂拉越两个州。

艾妮： 每一个州都有首府吗？

卡里姆： 是的，每一个州都有首府。比方说，柔佛州的首府是新山，而沙巴州的首府是哥打基那巴鲁。

艾妮： 除了州首府之外还有什么区划？

卡里姆： 在每个州属里，还有一些县区。

艾妮： 哦，这样啊。那咱们国家的邻国有哪些呢？

卡里姆： 马来西亚北部与泰国接壤，南部是新加坡和印度尼西亚，东北部与菲律宾隔海相望。

艾妮： 好的，我明白了。

扫码收看视频

Pelajaran 10   Kawan saya
第十课　我的朋友

I. Perbualan
一、情景对话

Perbualan 1   Memperkenalkan kawan
情景一　介绍朋友

Hany:　　　Selamat pagi encik. Saya nak memperkenalkan kawan saya kepada encik.

Encik Aziz: Selamat pagi. Siapa namanya?

Hany:　　　Namanya Lee Kian Yik.

Encik Aziz: Dia tinggal kat mana?

Hany:　　　Dia tinggal di Jalan Hang Tuah, di Melaka.

Encik Aziz: Oh, saya sering ke Melaka, sebuah bandar yang penuh dengan sejarah.

Hany:　　　Ya, dia nak belajar bahasa Melayu encik, sebab encik pakar bahasa Melayu di Universiti Malaya, bolehkah encik mengajar dia?

Encik Aziz: Eh, tentu boleh. Bila nak mula belajar?

Hany:　　　Dari Isnin hingga Jumaat dia kerja, jadi Sabtu dan Ahad saja boleh encik.

Encik Aziz: Kalau begitu baiklah. Awak boleh masukkan saya sebagai rakan wechat awak. Nanti saya akan maklum awak masa dan tempat kita belajar.

Hany: Bayarannya berapa, encik?

Encik Aziz: Oleh kerana dia ni kawan awak, jadi bayaran itu taklah tinggi. RM100 sejam saja.

Hany: Baiklah, terima kasih encik.

Encik Aziz: Sama-sama.

Perbualan 2   Berbual dengan kawan
情景二   和朋友聊天儿

Alli: Eh Hany, semalam saya lihat awak *post* gambar kat *facebook*. Awak menyambut *birthday* kan dengan ramai kawan awak kan?

Hany: Yalah, semalam hari jadi saya. Saya ajak ramai kawan datang ke rumah.

Alli: Kalau tak silap, hampir 10 orang datang kan?

Hany: Bukan 10 orang, tapi 15 orang.

Alli: Oh, banyaknya.

Hany: Yalah, semua tu kawan karib saya. Kami kenal sejak kecil lagi. Hubungan kami sungguh erat. Bila saya hadapi masalah, mereka banyak bantu saya.

Alli: Yalah, kawan-kawan rapat mesti saling membantu.

Hany: Betul tu. Saya pun memang hargai semua kawan-kawan saya.

Alli: Saya juga ada banyak kawan, sebab saya selalu main bola sepak bersama mereka. Pada masa lapang, kami sering main bersama. Hubungan kami sangat baik.

Hany: Baguslah tu. Di dunia ini, kita tak boleh hidup tanpa kawan. Jadi, hargailah semua kawan-kawan tu.

Alli: Ya betul tu.

Perbualan 3 Hubungan antara kawan
情景三　朋友关系

Alli: Eh, Hany. Muka ni kenapa masam je?

Hany: Yalah, tengah marah ni. Baru bergaduh dengan Kassim tu.

Alli: Kenapa bergaduh ni?

Hany: Saya minta dia ambil bungkusan saya, dia cakap boleh, tapi sudah tiga hari tau, dia lupalah tu, barang terus hilang, siapa tak marah?

Alli: Oh macam tu. Dahlah, jangan marah-marah lagi. Walaupun dia salah, dia masih kawan awak tau, tak perlulah gaduh. Sapa-sapa pun mesti ada buat kesilapan dalam kehidupan. Hany, maafkan dialah.

Hany: Tapi barang saya dah hilang. Mahal baju yang saya baru beli tu.

Alli: Kassim lupa agaknya tu, sebab dia akan ambil *exam*, itu penting bagi dia. Jika gagal, tak dapatlah dia masuk universiti yang dia suka. Kenapa dulu Hany tak ambil sendiri?

Hany: Saya nak tidurlah, sebab sangat panas, jadi saya tak keluar.

Alli: Ah, itu salah awaklah, tapi yang penting kita harus saling percaya dan saling memahami kawan kita tau, barulah persahabatan kekal lama.

Hany: Yalah, saya faham sekarang. Harap Kassim maafkan sayalah nanti.

II. Peluasan Kosa Kata
二、词汇拓展

（一）马来语数字（一百以上）

(1) ratus	百	(2) seratus	100
(3) dua ratus	200	(4) tiga ratus	300
(5) empat ratus tiga	403	(6) lima ratus empat belas	514
(7) lapan ratus enam puluh	860	(8) ribu	千

(9) lima ribu tujuh puluh lapan — 5,078

(10) tiga ribu enam ratus sembilan puluh empat — 3,694

(11) juta — 百万

(12) tujuh juta enam ratus tiga puluh satu ribu lapan ratus sembilan puluh dua — 7,631,892

(13) bilion — 十亿

(14) satu bilion tujuh ratus empat juta sembilan ratus lapan puluh tiga ribu lima ratus dua belas — 1,704,983,512

(15) perpuluhan — 小数点

(16) seratus lima puluh perpuluhan tujuh enam — 150.76

(17) dua puluh empat perpuluhan kosong satu — 24.01

(18) peratus — 百分比

(19) sembilan puluh empat peratus	94%
(20) seratus peratus	100%
(21) lapan puluh perpuluhan tiga empat peratus	80.34%
(22) enam puluh satu perpuluhan tiga dua peratus	61.32%

（二）马来西亚公立大学

(1) Universiti Malaya (UM)	马来亚大学
(2) Universiti Kebangsaan Malaysia (UKM)	马来西亚国民大学
(3) Universiti Putra Malaysia (UPM)	马来西亚博特拉大学
(4) Universiti Sains Malaysia (USM)	马来西亚理科大学
(5) Universiti Utara Malaysia (UUM)	马来西亚北方大学
(6) Universiti Malaysia Sarawak (UNIMAS)	马来西亚砂拉越大学
(7) Universiti Islam Antarabangsa Malaysia (UIAM)	马来西亚国际伊斯兰大学
(8) Universiti Malaysia Sabah (UMS)	马来西亚沙巴大学
(9) Universiti Pendidikan Sultan Idris (UPSI)	苏丹伊德里斯教育大学
(10) Universiti Teknologi MARA (UITM)	玛拉工艺大学
(11) Universiti Teknikal Malaysia Melaka (UTeM)	马来西亚马六甲技术大学
(12) Universiti Malaysia Perlis (UMP)	马来西亚玻璃市大学
(13) Universiti Sultan Zainal Abidin (UniSZA)	苏丹再纳阿比丁大学
(14) Universiti Malaysia Kelantan (UMK)	马来西亚吉兰丹大学
(15) Universiti Pertahanan Nasional Malaysia (UPNM)	马来西亚国防大学
(16) Universiti Malaysia Terengganu (UMT)	马来西亚登嘉楼大学
(17) Universiti Tun Hussein Onn Malaysia (UTHM)	马来西亚敦胡先翁大学
(18) Universiti Malaysia Pahang (UMP)	马来西亚彭亨大学
(19) Universiti Sains Islam Malaysia (USIM)	马来西亚伊斯兰理科大学
(20) Universiti Teknologi Malaysia (UTM)	马来西亚理工大学

III. Latihan
三、练习

假设你是马来西亚人,到中国留学后认识了很多中国朋友。周六休息,你和父母视频聊天儿。妈妈问起你在中国的交友情况。你告诉妈妈,你最好的中国朋友叫小明,是个男生,就读于广西民族大学东南亚语言文化学院马来语专业二年级。他非常高,长得很帅,就是皮肤有点儿黑。他是南宁本地人,家里还有一个姐姐和一个弟弟。他喜欢打篮球、游泳和旅游,脾气很好。请根据这段情景用马来语进行对话。

IV. Terjemahan Perbualan
四、参考译文

情景一　介绍朋友

哈妮：　　　早上好,先生。我想把我的一个朋友介绍给您。
阿齐兹先生：早上好。她叫什么名字?
哈妮：　　　她叫李倩怡。
阿齐兹先生：她住在哪里?
哈妮：　　　她住在马六甲的杭都亚路。
阿齐兹先生：哦,我经常去马六甲,马六甲是一座历史名城。
哈妮：　　　她想学马来语。您是马来亚大学的语言专家,您能教她吗?
阿齐兹先生：当然可以。她想什么时候开始学?
哈妮：　　　星期一到星期五她得工作,只有星期六和星期天可以。

阿齐兹先生： 这样的话，好吧，你可以加我为你的微信好友，到时候我告诉你学习的时间和地点。
哈妮： 费用方面怎么样呢，先生？
阿齐兹先生： 看在她是你朋友的份上，费用不会太高，一个小时也就 100 令吉。
哈妮： 好的，谢谢您。
阿齐兹先生： 不客气。

情景二　和朋友聊天儿

阿里：哎，哈妮。昨天我看见你在脸书上发布了照片，你在和朋友们庆祝生日是吧？
哈妮：是的，昨天是我的生日，我叫了很多朋友来我家。
阿里：如果没记错的话，差不多有 10 个人对吧？
哈妮：不止 10 个哦，有 15 个。
阿里：哇，真多。
哈妮：对啊，他们都是我的好朋友，我们从小就认识了，关系非常紧密。每当我遇到困难的时候，他们总是大力支持我。
阿里：是的，好朋友之间必须经常互相帮助。
哈妮：你说得对，我也很珍惜我的朋友们。
阿里：我也有很多朋友，因为我经常和他们一起踢足球。一有空我们就一起踢球，我们的关系非常好。
哈妮：对的，活在这世界上，我们不能没有朋友。所以，好好儿珍惜我们的朋友吧。
阿里：是的。

情景三　朋友关系

阿里：哎，哈妮，你脸色怎么这么难看？

哈妮：对啊，我正在生气呢，刚和卡西姆吵架了。

阿里：为什么吵架？

哈妮：我让他帮我拿快递，他说可以。但三天过去了，你知道吗，他居然忘记了。我的快递就这样丢了，谁会不生气呢？

阿里：哦，原来是这样。好了好了，别再生气了。就算他犯了错，他还是你的好朋友，没必要再生气了。任何人在生活中肯定都犯过错误。哈妮，原谅他吧。

哈妮：但是我的东西丢了，我刚买的那件衣服特别贵！

阿里：卡西姆大概是忘记了，因为他马上要参加考试了，这个考试对他来说很重要。如果失败了，就不能进入他理想的大学了。为什么你不自己拿呢？

哈妮：那时候我想睡觉，太热了，我不愿出门。

阿里：啊，这就是你的错啦。而且更重要的是，我们和朋友之间应该互相信赖、互相理解你知道吗，这样我们的友谊才能长存。

哈妮：好吧，现在我明白了。希望卡西姆能原谅我。

Pelajaran 11　Kegemaran saya
第十一课　我的爱好

I. Perbualan
一、情景对话

Perbualan 1　Membaca buku dan surat khabar
情景一　读书看报

Jamil:　Selamat petang, Hany.

Hany:　Petang Jami. Awak buat apa tu?

Jamil:　Sedang membaca buku.

Hany:　Buku apa ni?

Jamil:　Novel *Anak Titiwangsa*, pengarangnya Keris Mas.

Hany:　Oh, Keris Mas itu Sasterawan Negara kita. Awak rajinnya belajar.

Jamil:　Taklah, saya lebih suka membaca pada waktu lapang. Yang paling saya suka ialah novel atau cerpen ditulis oleh Sasterawan Negara.

Hany:　Selain novel dan cerpen, awak suka baca apa lagi?

Jamil:　Saya suka baca surat khabar setiap hari.

Hany:　Contohnya macam surat khabar apa?

Jamil:　Macam *Utusan Malaysia*, *Berita Harian*, dan *Sin Chew Daily*.

Hany: Jadi, awak bukan saja pandai dalam bahasa Melayu, tapi juga pandai dalam Mandarin kan?

Jamil: Sikit sikitlah boleh baca. Saya suka baca surat khabar kerana boleh tahu apa yang berlaku di dunia ini.

Hany: Ya betul tu. Membaca memang amalan yang baik. Sebagai pelajar, kita harus banyak membaca untuk mendapat ilmu.

Jamil: Ya, betul tu.

Perbualan 2　Menyanyi dan menari
情景二　唱歌跳舞

Hany: Helo Alli.

Alli: Hai Hany. Awak buat apa ni?

Hany: Tengah berlatih. Bulan depan saya sertai Konsert Persahabatan China-ASEAN di Nanning. Saya wakil negara Malaysia.

Alli: Wah, baguslah. Awak memang pandai menyanyi. Inilah peluang untuk menunjukkan bakat nyanyian awak tu. Jadi Hany nak nyanyi lagu apa dalam konsert tu?

Hany: Yang itu saya belum pasti sekarang. Eh, awak ada cadangan lagu tak?

Alli: Kalau saya nyanyi, saya pilih lagu Melayu tradisional. Itu warisan kebudayaan kita.

Hany: Kalau macam tu, lagu *Geylang Si Paku Geylang* lebih sesuai. Lagu itu sedap didengar, liriknya juga berunsur pantun.

Alli:	Ya, betul tu. Kalau awak bawa lagu ini kat Nanning nanti, tentu orang sana akan suka. Mereka tentu akan tahu negara Malaysia dan juga budaya orang Melayu.
Hany:	Betul. Baiklah, saya juga akan menari nanti.
Alli:	Semoga Hany sukses di sana nanti ya!
Hany:	Ok, terima kasih.

Perbualan 3　Menulis puisi dan pantun
情景三　写诗歌和班顿

Hany:	Selamat petang Jamil. Awak buat apa tu?
Jamil:	Shh, jangan ganggu. Saya tengah menulis puisi ni, nanti ilham saya hilang.
Hany:	Oh maaf Jamil.
Jamil:	Tak apa. Saya dah habis menulis puisi ni.
Hany:	Sejak bila awak mula menulis puisi ni?
Jamil:	Sejak umur 5 tahun saya mula membaca puisi dan pantun. Sejak itulah saya jatuh cinta dengan puisi dan pantun. Sebab puisi dan pantun berirama, jadi senang untuk dibaca, dan ia menyampaikan fikiran yang berguna.
Hany:	Jadi maksud awak selepas banyak membaca puisi dan pantun, barulah awak mula mencipta puisi dan pantun sendiri kan?
Jamil:	Ya, selepas saya sekolah rendah dan dengan bantuan cikgu, saya mendapat kejayaan demi kejayaan.
Hany:	Nampaknya awak benar-benar suka menulis puisi dan pantun. Kalau macam

tu, bacalah puisi atau pantun awak tu sedikit boleh tak?

Jamil: Boleh, saya baca pantun ya. Dua tiga kucing berlari, Manakan sama si kucing belang; Dua tiga boleh ku cari, Manakan sama adik seorang. Pantun kedua, Dari mana punai melayang, Dari sawah turun ke padi; Dari mana datangnya sayang, Dari mata turun ke hati.

Hany: Wah, hebat sungguh awak! (Hany tepuk tangan.)

Jamil: Terima kasih.

II. Peluasan Kosa Kata
二、词汇拓展

（一）马来西亚文学体裁

(1) Sasterawan Negara		马来西亚国家文学奖
(2) Kesusasteraan Melayu Lama		马来古典文学
(3) Kesusasteraan Melayu Baru		马来现代文学
(4) dongeng/mitos		神话/传说
(5) cerita binatang		动物故事
(6) cerita jenaka		幽默故事
(7) simpulan bahasa/peribahasa		成语/俗语
(8) puisi rakyat		民歌
(9) sastera sejarah		历史文学
(10) sastera Islam		伊斯兰文学
(11) sastera undang-undang		法典文学
(12) hikayat roman		古罗马传说

(13) puisi	诗歌	(14) prosa	散文
(15) pantun	班顿	(16) syair	沙伊尔
(17) gurindam	古林当姆	(18) seloka	色罗卡
(19) sajak	现代诗	(20) novel	小说
(21) cerpen	短篇小说	(22) drama	戏剧
(23) kritikan sastera		批判文学	
(24) Angkatan Sasterawan 1950（ASAS 50）			50年代作家行列

（二）马来西亚主流媒体

1. 广播

   (1) My FM　　　　　　　　(2) ERA FM

   (3) Suria FM　　　　　　　(4) Sinar FM

   (5) Melody FM　　　　　　(6) Radio FM

   (7) Radio Mentari FM　　　(8) Pahang FM

   (9) Radio Malaysia Perak FM　(10) Radio Gemersik FM

2. 电视

   (1) Radio Televisyen Malaysia　　马来西亚国家广播电视台

   (2) Astro Malaysia　　　　　　　马来西亚寰宇电视台

   (3) Media Prima Berhad　　　　　首要媒体集团

3. 报纸

   (1) Utusan Malaysia　　　　《马来西亚前锋报》

   (2) Berita Harian　　　　　　《每日新闻》

   (3) Bernama　　　　　　　　《马来西亚国家通讯社》

   (4) Malaysiakini　　　　　　《当今大马》

   (5) New Straits Times　　　《新海峡时报》

(6) The Star 《星报》
(7) Sin Chew Daily 《星洲日报》
(8) Nanyang Siang Pau 《南洋商报》
(9) China Press 《中国报》
(10) Kwong Wah Yit Poh 《光华日报》

III. Latihan
三、练习

小明在回宿舍的路上遇到刚认识不久的马来西亚朋友 Ali。闲聊时，小明和 Ali 互相讲述了自己的爱好。Ali 很喜欢听音乐，Ali 觉得听音乐能让自己身心愉悦。小明也喜欢听音乐，还喜欢看小说。小明得知 Ali 也喜欢听音乐，想让 Ali 向自己推荐一些马来西亚歌曲。Ali 刚来中国不久，中文还不太熟练，向小明询问中文的学习方法。请根据这段情景用马来语进行对话。

IV. Terjemahan Perbualan
四、参考译文

情景一　读书看报

加米尔：　下午好，哈妮。
哈妮：　　下午好，加米尔。你在做什么？
加米尔：　我正在看书呢。
哈妮：　　这是什么书？
加米尔：　克里斯·马斯写的《蒂蒂旺沙之子》。

哈妮： 哦，克里斯·马斯，他是我们国家文学奖的获得者。你可真勤奋。
加米尔： 没有啦，我比较喜欢空闲的时候读书。我最喜欢的是国家文学奖获得者写的长篇小说或者短篇小说。
哈妮： 除了长篇小说和短篇小说，你还喜欢读什么？
加米尔： 我每天都读报纸。
哈妮： 比如说什么报纸呢？
加米尔： 比如《马来西亚先锋报》《每日新闻》，还有《星洲日报》。
哈妮： 那你不光马来语很厉害，汉语也很厉害啊？
加米尔： 汉语可以看得懂一点点而已。我喜欢看报，这样我就能知道世界上发生了什么事情。
哈妮： 是的，读书的确是一个好习惯。作为学生，我们应该多读书来获得知识。
加米尔： 是的。

情景二　唱歌跳舞

哈妮：哈喽，阿里。
阿里：嗨，哈妮。你在做什么？
哈妮：正在练习唱歌呢。下个月我要参加在南宁举行的中国-东盟友谊歌会，我代表马来西亚参加。
阿里：哇，真棒。你的确很擅长唱歌，这可是展示你歌唱才华的好机会。那你想在演唱会上唱什么歌呢？
哈妮：我还没有确定。哎，你有没有建议啊？
阿里：如果我唱的话，我一定会选传统马来歌曲，这是我们的文化传统。
哈妮：如果这样的话，*Geylang Si Paku Geylang* 这首歌比较合适。这首歌很动听，歌词里也蕴含了班顿。
阿里：是的，到时候如果你去南宁演唱这首歌，那里的人一定会很喜欢。他们一定会认识马来西亚，也会了解我们的马来文化。
哈妮：对啊。好吧，我到时候还会跳舞。
阿里：祝愿哈妮的演出取得成功！
哈妮：好的，谢谢。

情景三　写诗歌和班顿

哈妮：　下午好，加米尔。你在做什么？
加米尔：嘘，别吵。我正在写诗，等一下儿灵感就没了。
哈妮：　不好意思，加米尔。
加米尔：没事儿了，我已经要写完了。
哈妮：　你什么时候开始写诗的？
加米尔：我5岁就开始读诗歌和班顿，从那时候起我就爱上了诗歌和班顿。因为诗歌和班顿都是有韵律的，所以特别好念，其中也蕴含着很多深邃的思想。
哈妮：　你的意思是说，在你大量地读诗歌和班顿之后，你才开始自己创作诗歌和班顿的对吧？
加米尔：是的，在我上小学、得到老师的指点和帮助之后，我才取得了一个又一个的成功。
哈妮：　看来你真的特别喜欢写诗歌和班顿。既然这样的话，那就读两首你写的诗歌或者班顿可以吗？
加米尔：当然可以，我读班顿吧。许多猫咪在奔跑，怎么能和那花猫比？多个女孩儿任我找，怎能和君相匹敌？再来一首班顿。野鸽打从哪儿飞来？从沼泽飞落到稻田。爱情打从哪儿萌生？从眼帘降落到心田。
哈妮：　哇，你可真厉害！（鼓掌）
加米尔：谢谢。

Pelajaran 12　Impian saya
第十二课　我的理想

I. Perbualan
一、情景对话

Perbualan 1　Apa itu impian?
情景一　什么是理想？

Adnan: Rohana, tahu tak apa ertinya impian?

Rohana: Impian itu ialah keinginan hasrat atau harapan kita, betul kan?

Adnan: Ya, betul tu, setiap orang mesti ada impian. Impian itu ada kaitan dengan apa yang kita akan buat dan apa yang kita hendak jadi nanti. Eh, apa impian awak? Kongsilah dengan saya.

Rohana: Betul tu, kalau tiada impian, kehidupan akan hilang arah tau. Saya mahu jadi doktor. Di dunia ini, setiap hari banyak orang mati kerana penyakit, jadi saya mahu jadi doktor untuk merawat mereka supaya mereka bebas dari kesakitan.

Adnan: Oh, awak memang orang berperibadi mulia. Nanti bila masuk universiti, pilihlah mata pelajaran perubatan supaya awak mendapat ilmu pengetahuan yang lebih profesional.

Rohana: Ya, saya sedang berusaha belajar agar nanti saya boleh masuk Universiti Perubatan dan Sains Guangxi.

Adnan: Bilakah Rohana akan ambil peperiksaan kemasukan universiti tu?

Rohana: Yang itu rasanya tahun depan.

Adnan: Ok, semoga awak sukses.

Rohana: Terima kasih.

Perbualan 2   Impian saya
情景二   我的理想

Hany: Hai, Zahid. Apa impian awak? Saya lihat awak main badminton je setiap hari, awak nak jadi macam Datuk Lee Chong Wei kah?

Zahid: Taklah. Saya memang suka main badminton, itu kegemaran saya. Kalau nak jadi macam Lee Chong Wei itu, tak bolehlah. Saya bukan pemain profesional.

Hany: Sangat susah nak jadi macam itu, kan?

Zahid: Ya, betul tu. Memang impian itu bagus, tapi kena ikut realitilah. Kalau impian itu terlalu tinggi, susahlah pula.

Hany: Jadi awak nak jadi apa pada masa depan?

Zahid: Sebenarnya saya lebih suka menulis puisi. Saya harap dekat universiti nanti, saya boleh terbitkan buku kumpulan puisi saya sendiri.

Hany: Wah, bagus tu. Untuk mencapai impian, kita harus menetapkan hasrat yang sederhana dulu. Saya boleh bayangkan, bila buku awak diterbitkan nanti, tentu ia akan mengharumkan nama negara kita, kan?

Zahid: Haha, saya muda lagi, masih perlu banyak menulis puisi, barulah boleh berjaya.

Hany: Haraplah suatu hari nanti, awak akan berjaya ya.

Zahid: Terima kasihlah Hany.

Perbualan 3　Bagaimana mencapai impian?
情景三　如何实现理想？

Hany: Aduh, susahnya baca buku ni! Bencilah kalau macam ni.

Alli: Eh, Hany. Kenapa awak marah-marah ni? Buku apa awak baca ni?

Hany: Buku perubatan, istilah dalam buku ni memang susah nak difahami.

Alli: Haha, memang baca buku membosankan. Tapi awak dah lupa ke, dulu awak kata nak jadi doktor supaya nanti dapat merawat orang dalam kesakitan, kan?

Hany: Ya ingat, tapi perubatan ni memang susah bagi saya.

Alli: Tentulah, jalan menuju kejayaan memang sukar. Sapa boleh berjaya dengan senang? Bila menghadapi masalah, awak kena cari akal untuk menyelesaikannya.

Hany: Bagaimana caranya?

Alli: Kalau awak rasa buku ni sangat susah, pastikan awak baca dengan cara yang betul. Kenapa tak tanya pensyarah awak?

Hany: Yalah, nanti saya tanya pensyarah saya apa lagi cara yang betul untuk peroleh ilmu ni.

Alli: Ini baru betul. Dengan adanya hati yang tenang, cara yang betul dan semangat yang tinggi, barulah boleh capai kejayaan tau.

Hany: Yalah, terima kasih Alli.

Alli: Sama-sama.

II. Peluasan Kosa Kata
二、词汇拓展

（一）马来语动词词缀 meN-...(-kan)

序号	meN-	词根首字母	例词
1	me-	m, n, ng, l, r, ny, y, w	memainkan, menasihatkan, menyanyi, menganga, merasa, melompat, mewariskan, meyakinkan
		p-m, t-n, k-ng, s-ny	memukul, menari, mengenal, menyapu
2	mem-	b	membawa, membuat, membising
		外来词 b, f, v, p	memvokalkan, memfitnah, memproses, mempopularkan, memblok, membrek

续表

序号	meN-	词根首字母	例词
3	men-	c, d, j, sy, z	mendatang, mencari, menjaga, mensyarahkan, menziarahi
		外来词 t, s	menterjemahkan, mentadbir, mentafsir
		t, s 开头的复合辅音	mentransformasikan, menskrukan, menstabilkan
4	meng-	辅音 g, h, gh, kh	menggalakkan, menghasilkan, mengkhabarkan, mengghaibkan
		元音 a, é, i, o, u, e	mengambil, mengedar, mengikat, mengomong, mengubah, mengempang
		外来词 k	mengkatalogkan, mengkritik
5	menge-	单音节词	mengecap, mengelap, mengesyaki, mengepos, mengetin

（二）马来西亚人的头衔与称谓

(1) Tun　　　　　　　　敦　　　　　　(2) Tan Sri　　　　　　丹·斯里

(3) Puan Sri　　　　　　潘·斯里　　　 (4) Dato' Seri / Dato' Sri　拿督·斯里

(5) Datin Seri / Datin Sri　拿汀·斯里　　(6) Dato' / Datuk　　　　拿督

(7) Datin　　　　　　　拿汀　　　　　(8) Tengku　　　　　　东姑

(9) Haji　　　　　　　哈吉　　　　　(10) Hajah　　　　　　哈贾

(11) Said/Syed　　　　　赛义德　　　　(12) Sultan　　　　　　苏丹

(13) Raja　　　　　　　拉惹

Pelajaran 12　Impian saya　第十二课　我的理想

III. Latihan
三、练习

　　Fayshal 是一名在中国学习医学的马来西亚留学生,他从小的愿望就是成为一名医生。为了实现理想,他计划本科毕业后继续在中国读硕士、博士。小明鼓励他努力学习,实现理想。Fayshal 还询问了小明的理想,小明也做了回答。请根据这段情景用马来语进行对话。

IV. Terjemahan Perbualan
四、参考译文

情景一　什么是理想?

阿德南:罗哈娜,你知道"理想"的意思吗?

罗哈娜:理想就是我们内心的意愿或者希望,对吗?

阿德南:是的,每个人都有理想。理想也就是我们将来想做什么、想成为什么。你的理想是什么?和我分享一下儿吧。

罗哈娜:你说得对,如果没有理想,生活就会失去方向。我想当一名医生。因为在这个世界上,每天都有人死于疾病,所以我想当一名医生,去医治他们,让他们远离疾病。

阿德南:哇,你的品德真高尚。到时候你上大学了,去选择就读医学学科,这样你就能获得更专业的知识。

罗哈娜:是的,我正在努力学习,希望到时候能进广西医科大学学习。

阿德南:那你什么时候参加大学入学考试呢?

罗哈娜:大概是明年吧。

阿德南：希望你成功啊！

罗哈娜：谢谢。

情景二　我的理想

哈妮：　嗨，扎希德。你的理想是什么？我看你每天都打羽毛球，你想成为拿督李宗伟那样的人物吗？

扎希德：不是的。我的确很喜欢打羽毛球，那也是我的爱好。如果想要成为李宗伟那样的人物，不大可能。我并不是专业的运动员。

哈妮：　想成为那样的人物的确非常难，是吧？

扎希德：是的，有理想当然是好事，但是也得看看现实。如果理想太崇高，也很难实现。

哈妮：　那你以后想成为什么人呢？

扎希德：其实我更喜欢写诗。我希望到时候上了大学，我能出版个人诗集。

哈妮：　哇，太棒了。为了实现理想，我们应该制定切合实际的目标。我可以想象，以后你的书出版了，一定会为国家争光的，是吧？

扎希德：哈哈，我还太年轻，还需要多多写诗，才可以成功。

哈妮：　希望有一天你能成功！

扎希德：谢谢哈妮。

情景三　如何实现理想？

哈妮：哎哟，读书太难了！这样真讨厌！

阿里：哎，哈妮。你怎么这么暴躁？你读什么书呢？

哈妮：医学书，里面的词汇太难理解了。

阿里：哈哈，读书当然是很枯燥的。但是你忘了吗，你之前说你想成为医生，去医治那些饱受痛苦的人。

哈妮：记得啊，但是医学对我来讲真的太难了。

阿里：当然啦，通往成功的道路永远是困难的，谁又能随随便便成功呢？当你遇到问题的时候，你应该想办法解决它。

哈妮：该怎么解决呢？

阿里：如果你觉得这本书太难，你得想想你是不是选择了正确的阅读方式。为什么不问问你的老师呢？

哈妮：好的，回头我去问问老师该怎样用正确的办法获取知识。

阿里：这样才对嘛！只有平心静气，方法正确，意志坚定，才可以取得成功，你知道吗？

哈妮：是的，谢谢你，阿里。

阿里：不客气。

Pelajaran 13 Bertanya arah jalan
第十三课 问路

I. Perbualan
一、情景对话

Perbualan 1 Bertanya arah jalan di kampus

情景一 在校园里问路

Pejalan kaki: Helo cik. Tumpang tanya, kat mana perpustakaan?

Hany: Ada dua perpustakaan kat universiti ni. Satu perpustakaan utama, satu lagi perpustakaan ASEAN. Yang mana awak nak pergi?

Pejalan kaki: Oh, saya nak ke perpustakaan ASEAN. Saya sedang belajar bahasa Melayu, kena baca buku banyak-banyak.

Hany: Oh begitu. Sebenarnya awak boleh naik bas mini sekolah, ataupun jalan kaki je.

Pejalan kaki: Bagaimana naik bas mini sekolah?

Hany: Awak tunggu kat sini sehingga bas tu sampai. Nanti bagitahulah

	pemandu tu kat mana awak nak turun, dia akan terus berhenti kat depan perpustakaan.
Pejalan kaki:	Oh kena tunggu sini juga, tapi takut nanti lama. Bagaimana dengan jalan kaki?
Hany:	Awak ikut terus jalan ni, 200 meter kemudian awak belok ke kanan, nanti awak akan lihat sebuah kompleks yang tertinggi tu kat situ. Perpustakaan ASEAN ada di tingkat 2 kat sana.
Pejalan kaki:	Baiklah, terima kasih.
Hany:	Sama-sama, nanti kalau awak masih tak faham, jangan lupa tanya sapa-sapa yang lalu-lalang kat sana ya.
Pejalan kaki:	Baiklah, terima kasih, terima kasih ya.
Hany:	Ok.

Perbualan 2   Bertanya arah tuju di jalan raya
情景二　在街上问路

Pejalan kaki:	Selamat pagi. Maaf mengganggu.
Hany:	Pagi encik. Boleh saya tolong?
Pejalan kaki:	Eh, saya tengah cari Universiti Bangsa-bangsa Guangxi, di Jalan Daxue, dekat Xixiangtang itu.
Hany:	Oh, tempat tu tak jauh dari sini.
Pejalan kaki:	Bagaimana hendak ke sana?

Hany:	Encik terus saja jalan ke depan. Kira-kira 15 minit berjalan tu, encik akan jumpa simpang empat.
Pejalan kaki:	Simpang empat, lepas tu?
Hany:	Lepas tu, masuk ke simpang kiri. Nanti encik akan lihat sebuah hotel namanya Hotel Xiangsihu.
Pejalan kaki:	Bila dah jumpa hotel tu, masih jauhkah universiti tu?
Hany:	Tak jauhlah. Hotel tu tepat di tepi pintu timur universiti itulah. Encik masuk pintu tu, itulah Universiti Bangsa-bangsa Guangxi.
Pejalan kaki:	Oh, ok, ok, saya faham, saya faham. Terima kasih.
Hany:	Ya, sama-sama.

Perbualan 3　Bertanya arah tuju di lapangan terbang
情景三　在机场问路

Salwah:	Helo tuan.
Asma:	Helo cik.
Salwah:	Saya akan naik pesawat, di mana saya boleh *check-in* ya?
Asma:	Oh, kalau berlepas dari Nanning, awak harus ke tingkat 3, di Balai Perlepasan. Ini tingkat 1, untuk Balai Ketibaan saja.
Salwah:	Oh, jadi bagaimana saya hendak ke tingkat 3?
Asma:	Awak boleh naik lif tu, nanti akan sampai tingkat 3. Eh, awak naik pesawat apa? Dari mana dan nak ke mana?
Salwah:	Saya naik pesawat Air Asia AK169, dari Nanning ke Kuala Lumpur.

Asma: Oh, itu penerbangan antarabangsa cik. Nanti bila awak sampai tingkat 3, pergi terus ke kaunter *check-in* nombor A, ingat nombor A ya. Lepas *check-in* tu, awak masuk pintu imigresen untuk pemeriksaan keselamatan.

Salwah: Ok, saya akan berlepas pukul 17:30, sekarang ni dah pukul 16:00 lah, saya harus cepat *check-in* ni.

Asma: Tak payah gopohlah cik, masa masih cukup.

Salwah: Baiklah, terima kasih tuan.

Asma: Sama-sama.

II. Peluasan Kosa Kata
二、词汇拓展

（一）校园主题

(1) bilik guru besar	校长办公室	(2) bilik guru	教师办公室
(3) kedai buku	书店	(4) pentas	讲台
(5) papan kenyataan	布告栏		
(6) pondok pengawal keselamatan	保安亭		
(7) bilik darjah	教室	(8) tandas	厕所
(9) surau	祷告室	(10) koridor	走廊
(11) makmal komputer	电脑室	(12) perpustakaan	图书馆
(13) asrama pelajar	学生宿舍	(14) parkir basikal	自行车棚
(15) parkir kereta	车棚	(16) pintu gerbang	大门
(17) kantin	食堂	(18) laluan	走道

（二）机场主题

(1) kaunter daftar masuk 登机办理处　(2) penumpang　乘客
(3) pegawai imigresen　移民局官员　(4) pemeriksaan keselamatan 安检
(5) kapten　机长　(6) anak kapal　机组人员
(7) pramugara　空少　(8) pramugari　空姐
(9) troli　手推车　(10) bagasi　行李
(11) tuntutan bagasi　行李认领处　(12) menara kawalan　控制塔
(13) landasan kapal terbang　飞机跑道

（三）马来语的连接词

(1) dan 和　(2) serta 和，及
(3) sambil 同时　(4) tetapi 但是
(5) atau 或者　(6) lalu 接着
(7) supaya/agar 以便　(8) kecuali 除了
(9) maka 然后；因此　(10) manakala 而且
(11) melainkan 除了　(12) padahal 其实
(13) sedangkan 实际上　(14) apabila 当
(15) hingga 直到　(16) jika 如果
(17) kalau 如果　(18) kerana 因为
(19) ketika 当　(20) tatkala 当
(21) walaupun/ biarpun/ sungguhpun　虽然/即使/尽管
(22) baik…baik…　不论……还是……
(23) baik… mahupun…　不论……还是……
(24) bukan sahaja…bahkan juga…　不仅……而且……
(25) bukan sahaja…malahan…　不仅……而且……
(26) bukan sahaja…tetapi juga…　不仅……而且……

(27) daripada… lebih baik…	与其……不如……
(28) entah… entah	或许……或许……
(29) jangankan… pun…	别说……（更何况）也……
(30) makin… makin…	越……越……
(31) sama ada… ataupun…	不论是……还是……
(32) sedangkan…ataupun…	不论是……还是……
(33) sungguhpun… tetapi…	虽然……但是……
(34) walaupun…namun…	虽然……但是……

III. Latihan
三、练习

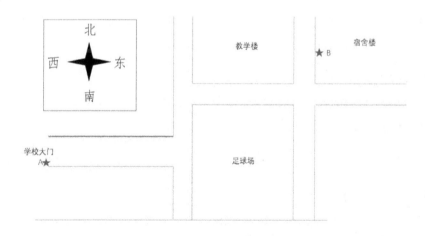

  Ali 是来自马来西亚的留学生。他第一天到学校报到，想从图中的学校大门 A 点去到宿舍楼门口 B 点，由于对学校不熟悉，需要向人问路。Ali 正好碰到马来语专业的小明，小明为 Ali 指出详细的路线。请根据这段情景用马来语进行对话。

IV. Terjemahan Perbualan
四、参考译文

情景一　在校园里问路

路人：你好，女士。请问图书馆在哪里？

哈妮：学校有两个图书馆，一个是主图书馆，另一个是东盟图书馆，你要去哪个？

路人：哦，我要去东盟图书馆。我正在学习马来语，得多多读书。

哈妮：哦，这样啊。其实你可以坐学校的迷你车过去，也可以走路。

路人：坐学校的迷你车的话，怎么坐呢？

哈妮：你在这里等车过来，到时候告诉司机你要在哪里下车，他就会直接停在图书馆前面了。

路人：哦，得在这里等是吧，但是我担心等的时间太久了，那走路的话怎么走呢？

哈妮：你沿着这条路走，大约200米之后右转，你就会看到一栋最高的综合大楼，东盟图书馆就在那栋楼的二楼。

路人：好的，谢谢。

哈妮：不客气。如果你还不清楚怎么走，别忘了问那些经过的路人。

路人：好的，谢谢，谢谢啊。

哈妮：好的。

情景二　在街上问路

路人：早上好，不好意思打扰一下儿。

哈妮：先生早上好，有什么可以帮你的吗？

路人：哎，我正在找广西民族大学，就是在大学路，靠近西乡塘那个。

哈妮：哦，那个地方离这里不远。

路人：怎么去那里呢？

哈妮：你直接往前走，大约走15分钟，你就会看到一个四岔路口。

路人：四岔路口，之后呢？

哈妮：之后进到左边的路口，你就会看到一个名叫相思湖酒店的地方。

路人：看到这个酒店之后，离学校还远吗？

哈妮：不远啦，那个酒店就在学校东门边上。你走进那个门，就是广西民族大学了。

路人：哦，好的，我明白了，谢谢。

哈妮：不客气。

情景三　在机场问路

萨尔瓦：你好，先生。

阿斯玛：你好，女士。

萨尔瓦：我准备搭乘飞机，请问我应该在哪里办理值机呢？

阿斯玛：哦，你应该到3楼出发大厅。这里是1楼，是到达大厅。

萨尔瓦：那我怎么去3楼呢？

阿斯玛：你搭乘那个电梯就可以到3楼了。哎，你坐哪班飞机？去哪里？

萨尔瓦：我坐的飞机是亚洲航空公司的AK169号航班，从南宁到吉隆坡。

阿斯玛：哦，女士，那个是国际航班。等你到了3楼之后，你直接去A区窗口办理值机，记住是A区。值机之后，你就会进入到移民局办公室进行安检。

萨尔瓦：好的，我的飞机17点30分起飞，现在已经16点了，我得赶紧值机了。

阿斯玛：不必着急，女士，时间还够。

萨尔瓦：好的，谢谢你，先生。

阿斯玛：不客气。

Pelajaran 14 Pengangkutan awam
第十四课 公共交通

I. Perbualan
一、情景对话

Perbualan 1   Menaiki Metro
情景一 搭乘地铁

Hany: Selamat pagi Alli.

Alli: Selamat pagi Hany.

Hany: Awak nak buat apa hari ini?

Alli: Saya nak pergi ke *Chaoyang Square* untuk membeli-belah. Awak nak ikut?

Hany: Nak, jadi bagaimana kita nak ke sana?

Alli: Naik metrolah, laluan 1.

Hany: Saya tak pernah naik metro ni tau, nanti awak bantu saya ya.

Alli: Bolehlah, tak susah pun.

Hany: Bagaimana beli tiket ni?

Alli: Awak lihat tak mesin tu? Awak pilih destinasi ke *Chaoyang Square*, lepas itu masukkan wang kertas, nanti token akan keluar.

Hany: Ok. Dari *Guangxi University for Nationalities* ke *Chaoyang Square*, berapa tambang?

Alli: Tak mahallah, hanya 3 yuan je.

Hany: Oh begitu, berapa lama perjalanan ni?

Alli: Tak lama, kira-kira setengah jam sampailah.

Hany: Oklah, jom kita beli tiket dulu.

Alli: Mari, belilah.

Perbualan 2 Menaiki Bas
情景二 搭乘公交

Samah: Eh, Rosli. Buat apa kat sini?

Rosli: Saya baru habis kerja ni.

Samah: Jadi awak nak baliklah ni?

Rosli: Yalah, tapi saya takut orang kat metro tu terlalu ramai. Saya tengah fikir nak naik bas pula.

Samah: Saya juga fikir nak naik bas. Sini nak metro jauh, lagi pula barang saya banyak ni.

Rosli: Awak nak ke mana?

Samah: Saya nak ke *Guangxi University*, awak?

Rosli: Saya ke *Guangxi University for Nationalities*, kita boleh naik bas yang sama.

Samah: Ya, betul. Jadi bas mana kita boleh guna ya?

Rosli: Oh, banyak bas ada kat sini, semua boleh pakai, banyak pilihan, boleh guna nombor 76, 204, 207.

Samah: Oklah, kita tunggu kat sana nak?

Rosli: Baik, jom.

Perbualan 3   Menaiki kereta api laju
情景三   搭乘高铁

Hany: Hai, Alli. Minggu depan saya nak ke Guangzhou. Apa pengangkutan sesuai boleh saya pilih?

Alli: Kalau dari Nanning, awak boleh guna bas, kereta api, kereta api laju, dan kapal terbang.

Hany: Yang mana awak fikir cepat dan murah?

Alli: Saya cadangkan Hany naik kereta api laju, hanya 4 jam dalam perjalanan, dan dengan tambang yang murah 169 yuan saja.

Hany: Kenapa tak naik kapal terbang je? 1 jam lebih macam tu dah sampai.

Alli: Kalau naik kapal terbang, tiketnya lebih mahal, lagipun lapangan terbang sangat jauh dari tempat kita ni.

Hany: Jadi bagaimana saya beli tiket kereta api laju tu?

Alli: Awak boleh beli tiket dengan menggunakan app 12306 ni secara dalam talianlah. Nanti sebelum berangkat, awak ambil tiket dari kaunter stesen kereta api laju tu.

Hany: Oh begitu, saya cuba sekarang ya. Terima kasih Alli.

Alli: Sama-sama.

II. Peluasan Kosa Kata
二、词汇拓展

（一）常见的交通工具

(1) motosikal	摩托车	(2) beca	三轮车
(3) basikal	自行车	(4) kereta	汽车
(5) van	货车	(6) bas	公共汽车
(7) lori	卡车	(8) skuter	小型摩托车
(9) teksi	出租车	(10) kereta api	火车
(11) ambulans	救护车	(12) jip	吉普车
(13) kapal terbang	飞机	(14) pesawat	客机
(15) helikopter	直升机	(16) kereta kabel	缆车
(17) kapal	船	(18) perahu	小船
(19) feri	渡轮		

（二）马来语介词

(1) di	在	(2) ke	向；往；到
(3) dari	从	(4) kepada	给；致；对
(5) daripada	由；比；从	(6) dengan	和；以；……地
(7) dalam / antara	在……之中	(8) atas	基于；根据
(9) demi	为了；逐一	(10) bagi	给，供
(11) terhadap/mengenai	对，对于	(12) bagai/seperti	好像
(13) sepanjang	沿着；根据；整个的（过程）		
(14) hingga/ sampai	直到	(15) akan	对，对于
(16) sejak	自从	(17) selain	除了

(18) oleh 被 (19) tentang 关于
(20) pada 在，于

III. Latihan
三、练习

　　Ali 是广西民族大学的留学生，假期计划去昆明旅游。Ali 向小明询问到达昆明的交通方式，小明向他解释了长途巴士、飞机、高铁等去昆明的交通方式。因为高铁方便快捷等原因，小明最终建议 Ali 乘坐高铁前往昆明。请根据这段情景用马来语进行对话。

IV. Terjemahan Perbualan
四、参考译文

情景一　搭乘地铁

哈妮：早上好，阿里。

阿里：早上好，哈妮。

哈妮：你今天打算做什么？

阿里：我今天想去朝阳广场购物，你想一起去吗？

哈妮：想啊，那我们怎么去那里呢？

阿里：坐地铁，1号线。

哈妮：我没坐过地铁，等会儿你要帮我哦。

阿里：可以，不难的。

哈妮：怎么买票呢？

阿里：你看到那个机器没有？你选择目的地朝阳广场，然后把纸币投进去，地铁票就会出来了。

哈妮：好的，从广西民族大学到朝阳广场，票价多少钱？

阿里：不贵啦，也就3元。

哈妮：哦，这样啊，路上需要多长时间呢？

阿里：不久，大概半个小时就到了。

哈妮：好的，走，我们先买票吧。

阿里：走，买票去。

情景二　搭乘公交

萨玛：　哎，罗斯利，你在这里做什么？

罗斯利：我刚下班。

萨玛：　你这是要回去吗？

罗斯利：是的，但我担心地铁那里人太多了，我正想着坐公交车回去。

萨玛：　我也想坐公交车回去，从这里去搭地铁太远了，而且我的东西还这么多。

罗斯利：你要去哪里？

萨玛：　我要去广西大学，你呢？

罗斯利：我要去广西民族大学，我们可以坐同一班公交车。

萨玛：　是的，我们该乘坐哪一班车呢？

罗斯利：哦，这里有很多车可以坐，可以坐76路、204路和207路。

萨玛：　好的，我们去那里等车怎么样？

罗斯利：好的。

情景三　搭乘高铁

哈妮：嗨，阿里。下个星期我要去广州了，我应该选择什么交通工具比较合适呢？

阿里：如果从南宁出发，你可以选择大巴、火车、高铁，还有飞机。

哈妮：你觉得哪一种最快最便宜呢？

阿里：我建议你坐高铁，路程只需要 4 个小时，费用才 169 元。

哈妮：为什么不坐飞机呢？大概 1 个小时就到了。

阿里：如果坐飞机，机票会很贵，而且飞机场离我们这里特别远。

哈妮：那我应该怎样买高铁车票呢？

阿里：你可以使用"12306"这个应用程序在线买票。到时候出发之前，你到高铁车站的窗口取票就行了。

哈妮：哦，这样，我现在就试试。谢谢阿里。

阿里：不客气。

扫码收看视频

Pelajaran 15　Makanan dan minuman
第十五课　饮食

I. Perbualan
一、情景对话

Perbualan 1　Memilih masakan di restoran
情景一　在餐厅点菜

Pelayan:	Selamat petang tuan. Tuan nak makan apa?
Alli:	Saya fikir dulu. Ada menu tak?
Pelayan:	Ada, ini menunya.
Alli:	Terima kasih. Apa makanan istimewa dekat restoran ni?
Pelayan:	Restoran kita ada nasi goreng, mi goreng, nasi lemak, dan banyak minuman lagi.
Alli:	Ah, saya nak nasi goreng USA satu, teh tarik ais satu.
Pelayan:	Makan atau bungkus?
Alli:	Makan. Jadi berapa jumlahnya?
Pelayan:	Nasi goreng USA tu RM6, dan teh tarik ais itu RM2, jumlahnya RM8.

Alli:	Ok, bolehkah saya guna kad kredit?
Pelayan:	Maaf tak boleh tuan, di sini guna wang tunai je.
Alli:	Ok, baiklah, ini RM10.
Pelayan:	Ini bakinya RM2. Terima kasih tuan.
Alli:	Sama-sama.

Perbualan 2 Makanan di Malaysia
情景二 马来西亚美食

Alli:	Hai, Aminah. Pernah tak Aminah pergi Malaysia?
Aminah:	Saya belum pernah ke Malaysia lagi.
Alli:	Lain kali kalau ada peluang, pergilah ke negara saya.
Aminah:	Setahu saya, di Malaysia ada banyak makanan sedap, kan?
Alli:	Ya, makanan di Malaysia bermacam-macam dan mengikut kaum tertentu.
Aminah:	Maksudnya, bagi kaum berbeza, makanan mereka juga tak samalah kan?
Alli:	Ya, penduduk Malaysia tu terdiri daripada orang Melayu, orang Cina, India, dan orang bumiputera.
Aminah:	Jadi makanan orang Melayu apa yang terkenal?
Alli:	Makanannya macam-macam, ada nasi lemak, sate, laksa, rendang, kuih-muih dan lain-lain lagi.
Aminah:	Orang Cina pula?
Alli:	Orang Cina makanan mereka seperti Bak Kut Teh, Char Kue Tiau, Nasi Ayam Hainan, Mi Hokkien dan sebagainya.

Aminah: Orang India?

Alli: Orang India ada Roti Canai, Teh Tarik, ini makanan dan minuman yang paling terkenal bagi orang India di Malaysia.

Aminah: Wah, saya harap cuti nanti saya boleh pergi Malaysia.

Alli: Haha, datanglah.

Perbualan 3　Makanan di China
情景三　中国美食

Sani: Fatin, pernahkah awak merasai makanan di China?

Fatin: Tak. Awak dulu pernah pergi ke China, kan? Bagaimana makanan di sana?

Sani: Makanan di China tu jauh berbeza daripada Malaysia. Makanan di situ pelbagai mengikut daerah.

Fatin: Maksudnya di daerah yang berbeza, makanan orangnya tak samalah?

Sani: Betul tu, di bahagian utara, orang Chinanya lebih suka makan mi, orang China di selatan suka makan nasi.

Fatin: Selain itu, ada apa perbezaannya lagi?

Sani: Ada, rasa makanan pun berbeza juga di daerah-daerah tersebut. Di bahagian Jiangnan, mereka lebih suka makanan yang tawar dan manis. Tetapi di provinsi Hunan, Sichuan dan Guizhou, orang kat situ suka makanan yang pedas-pedas.

Fatin: Bagaimana pula di Beijing? Makanan apa yang terkenal kat situ?

Sani: Di ibu kota China tu di Peking yang terkenal ialah Itik Peking dan Ayam Kung Pau, sangat disukai ramai. Selain itu, ada juga banyak makanan yang enak dan luar biasa.

Fatin: Suatu hari nanti, saya mesti pergi China untuk cuba semua makanan tu.

Sani: Bagus-bagus.

II. Peluasan Kosa Kata
二、词汇拓展

马来西亚常见的美食

(1) Teh O 红茶 (2) Kopi O 咖啡乌
(3) Air Limau 柠檬水 (4) Susu Lembu 牛奶
(5) Tongkat Ali 东革阿里 (6) Roti Bakar 烤面包
(7) Roti Canai 印度煎饼 (8) Sup Ayam 鸡汤
(9) Sup Daging 牛肉汤 (10) Nasi Goreng Biasa 炒饭
(11) Nasi Goreng Kampung 家乡炒饭
(12) Nasi Goreng Ayam 鸡肉炒饭
(13) Nasi Goreng Udang 虾仁炒饭
(14) Nasi Goreng Sotong 鱿鱼炒饭
(15) Nasi Goreng Daging 牛肉炒饭
(16) Nasi Goreng Cendawan 蘑菇炒饭
(17) Mi Wantan 云吞面
(18) Mi Goreng 炒面
(19) Mi Hokkien 福建面

III. Latihan
三、练习

小红和小明第一次到一家马来餐厅用餐，他们看了菜单之后想让服务员推荐餐厅的特色菜，服务员推荐了椰浆饭。小红决定尝试椰浆饭，而小明选择了乡村炒饭和一份牛肉汤。他们还点了拉茶，小红喝热拉茶，小明喝冰拉茶。用餐结束后，小明还打包了一份椰浆饭带回酒店吃。请根据这段情景用马来语进行对话。

IV. Terjemahan Perbualan
四、参考译文

情景一　在餐厅点菜

服务员：下午好，先生。您想吃些什么？
阿　里：我先想想。有没有菜单？
服务员：有，给您菜单。
阿　里：谢谢。这家餐厅有什么特色菜吗？
服务员：我们店有炒饭、炒面、椰浆饭，还有各种饮料。
阿　里：我想要一份 USA 炒饭，一杯冰拉茶。
服务员：在这里吃还是打包？
阿　里：在这里吃。总共多少钱？
服务员：USA 炒饭 6 令吉，冰拉茶 2 令吉，总共 8 令吉。
阿　里：好的，可以用信用卡吗？
服务员：先生，抱歉，不可以，只能用现金。
阿　里：好的，这是 10 令吉。

服务员：这是找您的2令吉，谢谢先生。

阿里：　不客气。

情景二　马来西亚美食

阿里：　嗨，阿米娜。你去过马来西亚吗？

阿米娜：我还没去过马来西亚。

阿里：　下次有机会的话去我们马来西亚吧。

阿米娜：我听说马来西亚有很多美食，是吗？

阿里：　是的，马来西亚有各种各样的美食，各族群有各自的特色。

阿米娜：你的意思是说，不同的族群他们的饮食也不一样？

阿里：　是的，马来西亚的居民由马来人、华人、印度人和土著民族构成。

阿米娜：马来人的美食中，最著名的是什么呢？

阿里：　马来美食有很多，比如说椰浆饭、沙爹、叻沙、任当肉、糕点等。

阿米娜：华人美食呢？

阿里：　华人美食包括肉骨茶、炒粿条、海南鸡饭、福建面等。

阿米娜：印度美食呢？

阿里：　印度美食包括印度煎饼和拉茶，是马来西亚印度美食中最著名的食品和饮品。

阿米娜：哇，希望下一个假期我可以去马来西亚。

阿里：　哈哈，来吧。

情景三　中国美食

萨尼：法汀，你品尝过中国的美食吗？

法汀：没有，我没去过中国，你去过中国对吧，那里的食物怎么样啊？

萨尼：中国的食物和马来西亚的食物差别很大，那里的食物因地区不同而风格各异。

法汀：你的意思是说，不同的地区，人们的饮食也不尽相同？
萨尼：是的，在中国的北方，人们喜欢吃面食，而在中国的南方，人们更喜欢吃米饭。
法汀：除此之外，还有什么不同呢？
萨尼：食物的味道也因地区的不同而不同。在江南地区，人们喜欢吃清淡和微甜的东西。而在湖南、四川和贵州等地，人们则无辣不欢。
法汀：那北京呢？北京有什么著名的美食吗？
萨尼：在中国首都北京，最著名的美食当属北京烤鸭和宫保鸡丁了，特别受大众喜爱。此外，还有其他很多又好吃又特别的美食。
法汀：将来我一定要去中国尝遍所有的这些美食。
萨尼：好，好！

扫码收看视频

Pelajaran 16　Berjumpa doktor
第十六课　看病

I. Perbualan
一、情景对话

Perbualan 1　Suatu hari apabila ditimpa sakit
情景一　有一天生病了

Ayah Hany:　Kenapa awak ni? Duduk je? Awak tak sihat kah?

Hany:　Tak taulah, kepala terasa pening, badan saya rasa sejuk-sejuk. Saya tak lalu nak berdiri, pasal tu saya duduklah je, baru rasa ok sikit.

Ayah Hany:　Awak makan apa tadi?

Hany:　Tak makan apa sebab saya tak ada selera nak makan.

Ayah Hany:　(Ayah Hany memegang dan merasa badan Hany.) Eh, panas badan awak ni, awak demamlah. Ada terkena hujan tak sebelum ni?

Hany: Rasanya ada kot petang semalam.

Ayah Hany: Laa, patutlah, awak demam ni. Tekak awak rasa sakit tak?

Hany: Ah rasa sakit, terasa perit sangat. Minum air kosong pun tak larat. Pasal tu saya tak lalu nak makan.

Ayah Hany: Dah makan ubat tak?

Hany: Takde, sebab ingatkan bekalan ubat saya masih ada lagi, rupanya semua dah habis.

Ayah Hany: Eh, ini tak boleh dibiarkan Hany, nanti demam awak melarat, susah pula.

Hany: Tak apalah, sikit je demam ni. Beli Panadol kat depan kedai tu, kebahlah.

Ayah Hany: Eh, tak boleh tak boleh. Mari saya bawa ke klinik.

Perbualan 2 Berjumpa doktor di klinik
情景二 在诊所看病

Doktor: Kenapa cik?

Hany: Badan tak sedap doktor, rasa dingin dan kepala rasa berat.

Doktor: Berapa lama dah?

Hany: Baru hari ini.

Doktor: Rasa dingin tu kuatkah?

Hany: Taklah juga, tapi saya tak larat, rasa nak baring je, baru selesa sikit.

Doktor: Makan bagaimana?

Hany: Tak boleh doktor, sebab tekak saya rasa sangat perit. Minum air kosong pun

Doktor: tak boleh, makan pun tak lalu sebab takde selera.

Doktor: Oh begitu. Hulurkan tangan cik, saya nak periksa tekanan darah. Buka mulut cik, saya nak lihat tekak. Dekat sikit cik, saya nak ambil suhu badan.

Hany: Baiklah.

Doktor: Suhu taklah tinggi sangat tapi memang demam, sebab itulah sakit kepala. Punca demam tu dari tekaklah. Tekak cik ni bengkak dan terkena radang.

Hany: Oh begitukah, serius tak doktor?

Doktor: Taklah serius, jangan risau cik. Cik makan ubat dan banyak berehat, sembuhlah tu. Banyak makan bijirin dan serat. Jangan makan pedas dan berminyak tau.

Hany: Baik doktor, terima kasih ya.

Perbualan 3　Melawat kawan yang sakit di hospital
情景三　去医院看望生病的朋友

Azlina: Hai Alli, apa khabar hari ini?

Alli: Oh Azlina, beransur pulih, insya-Allah.

Azlina: Bila kena tahan ni?

Alli: Dua hari yang lalu Azlina.

Azlina: Awak sakit apa?

Alli: Tak ada sakit pun. Terjatuh dari kerusi masa nak sangkutkan bingkai gambar. Kepala terhantuk dinding lalu pengsan.

Azlina: Mujur tak ada cedera teruk ya?

Alli: Ya, cuma dekat buku lali ni terkehel sikit kata doktor. Tapi sikit je lah.

Azlina: Patutlah kaki tu berbalut. Kepala awak terhantuk semalam takde apakah?

Alli: Alhamdulillah, tak cedera. Doktor dah sahkan melalui X-ray semalam. Bengkak pun tak, darah beku dalam kepala pun tak. Semua ok kata doktor.

Azlina: Nasib baiklah kepala takde apa kan.

Alli: Terima kasihlah, kerana awak susah-susah melawat saya hari ni.

Azlina: Kita kan sahabat. Inilah ertinya persahabatan. Oklah, saya nak minta diri dulu ya. Awak berehat banyak dan ubat tu jangan lupa makan tau.

Alli: Ya baik Azlina, terima kasih ya.

Azlina: Ya, sama-sama.

II. Peluasan Kosa Kata
二、词汇拓展

（一）常见疾病与病症

(1) angin ahmar	中风	(2) pening kepala	头晕
(3) barah	癌症	(4) batuk berdarah	咳血
(5) batuk kering	结核病	(6) batuk kokol	咳嗽
(7) darah tinggi	高血压	(8) cirit birit	腹泻
(9) demam	发烧		
(10) kecacatan jantung kongenital		先天性心脏缺陷	
(11) kancing gigi	破伤风	(12) kejang	抽筋
(13) kencing manis	糖尿病	(14) lelah	哮喘
(15) rabun jauh	近视	(16) terseliuh	扭伤

（二）身体部位

(1) kepala	头	(2) leher	颈
(3) halkum	喉结	(4) tekak	喉咙
(5) pergelangan tangan	手腕	(6) siku	手肘
(7) ketiak	腋窝	(8) lengan	手臂
(9) dada	胸部	(10) bahu	肩膀
(11) tangan	手	(12) tapak tangan	手掌
(13) jari	手指	(14) kuku	指甲
(15) badan	躯干	(16) pinggang	腰部
(17) punggung	臀部	(18) perut	肚子
(19) rusuk	肋部	(20) kaki	脚；腿
(21) paha	大腿	(22) betis	小腿
(23) lutut	膝盖	(24) buku lali	脚踝
(25) jari kaki	脚趾		

（三）医院主题

(1) doktor	医生	(2) jururawat	护士
(3) pesakit	病人		
(4) atendan penjagaan kesihatan	护理人员		
(5) stetoskop	听诊器	(6) kerusi roda	轮椅
(7) topang	拐杖		
(8) alat pengusung / troli pesakit	担架车		
(9) termometer	体温计	(10) jarum suntikan	注射器
(11) kain pembalut	绷带	(12) kapas	棉花
(13) ubat	药品	(14) darah	血

III. Latihan
三、练习

你的舍友小明生病了,你把他送到医院治疗。请用马来语模拟一段你和医生的对话,说明小明的症状,询问接下来的治疗方式等问题。

IV. Terjemahan Perbualan
四、参考译文

情景一　有一天生病了

哈妮父亲：你怎么了？怎么坐着？你生病了？
哈妮：　　不知道，头很晕，浑身发冷。我连站着都不行，这才坐着，才感觉好一些。
哈妮父亲：你刚才吃了什么？
哈妮：　　没吃什么，没有胃口。
哈妮父亲：（哈妮父亲看看哈妮的体温。）哎，你浑身发热，你发烧了。之前有被雨淋吗？
哈妮：　　应该是昨天下午被雨淋的。
哈妮父亲：怪不得，你发烧了。喉咙感觉到不舒服吗？
哈妮：　　是的，感觉有点儿痛，很不舒服，喝水没有用，也吃不下东西。
哈妮父亲：吃药了没有？
哈妮：　　没有，我记得药本来是够的，但是好像吃完了。
哈妮父亲：不能就这样的，哈妮，等一下儿发烧会更严重更难处理的。
哈妮：　　没事儿的，发低烧而已，去药店买药吃了就可以退烧了。

哈妮父亲：不行，不行，我带你去医院吧。

情景二　在诊所看病

医生：怎么了，女士？

哈妮：医生，我身体不舒服，浑身发冷，头很晕。

医生：多久了？

哈妮：今天才这样的。

医生：发冷的感觉很强烈吗？

哈妮：不是很强烈，但我也不太能动，只想躺着，才感觉好一些。

医生：吃东西怎么样？

哈妮：吃不下，我喉咙感觉很不舒服。吃东西不行，喝白开水也不行，一点儿胃口都没有。

医生：哦，这样啊。伸出手，我要检查一下儿你的血压。张开嘴，我要看看你的喉咙。靠近一点儿，我要量体温。

哈妮：好的。

医生：体温不高，但确实发烧了，这才是导致头痛的原因。发烧是因为喉咙痛，你的喉咙发炎了。

哈妮：哦，这样啊。严重吗，医生？

医生：不严重，不用担心。你要记得吃药，多多休息，就可以康复了。多吃杂粮，别吃太稀的东西。也别吃辣和多油的食物。

哈妮：好的，医生，谢谢。

情景三　去医院看望生病的朋友

阿兹丽娜：嗨，阿里，你今天还好吗？

阿里：　　哦，阿兹丽娜，我康复了，谢天谢地。

阿兹丽娜：什么时候病的？

阿里：两天前。

阿兹丽娜：是什么病？

阿里：没什么病。那天我本想挂相框的，从椅子上摔了下来，头碰到了墙，然后昏迷了。

阿兹丽娜：幸好没有受伤啊。

阿里：是的，医生说就是踝关节脱臼了，但不太严重。

阿兹丽娜：怪不得你绑着绷带。那天你的头碰到了墙，没事儿吧？

阿里：谢天谢地，没有受伤。昨天已经拍过X光了，头没有肿，也没有淤血，医生说一切都好。

阿兹丽娜：幸好你的头没事儿。

阿里：谢谢你，太麻烦你过来看我了。

阿兹丽娜：我们是好朋友，这就是友谊的意义。好，我先走了，你好好儿休息，别忘了吃药。

阿里：好的，阿兹丽娜，谢谢。

阿兹丽娜：好的，不客气。

Pelajaran 17　　Rekreasi: Menonton filem
第十七课　　休闲活动之看电影

I. Perbualan
一、情景对话

Perbualan 1　　Berbincang tentang filem-filem baharu
情景一　　谈论最新电影

Hany:　Eh, Alli. Semalam awak tengok filem kan? Cerita apa?

Alli:　Filem Inggeris. Tapi *hero*nya orang China. Ceritanya sangat *best* tau.

Hany:　Ya kah. Apa judul?

Alli:　*The Foreigner*, filem terbaru tengah *popular* sekarang.

Hany:　Oh filem ni. Saya tahu, *hero*nya pelakon Hong Kong, Jackie Chan kan?

Alli:　Ya, betul. Bagaimana awak tahu? Awak dah tengok ke?

Hany:　Belum. Main teka je, sebab filem ini sering diiklankan dekat TV.

Alli:　Oh ya, betul.

Hany:　Filem ini berkisar tentang apa ya?

Alli:	*Hero*nya Jackie Chan tu, membalas dendam mencari siapa yang membunuh anak perempuannya. Anaknya terkorban dalam satu letupan bom di tempat awam, di kota London.
Hany:	Macam *best* je ceritanya. Habis tu, *hero*nya dapat tahu ke siapa pembunuhnya?
Alli:	Tahu, pembunuhnya tu kumpulan pengganas dari Ireland Utara. Tapi, pengeboman tu juga ada kaitan dengan perisik kerajaan British.
Hany:	Jadi filem ni ada kaitan dengan *terrorist*lah kan?
Alli:	Ya.
Hany:	Oh.

Perbualan 2   Mengajak kawan menonton filem
情景二   邀请朋友看电影

Abdul:	Lily, awak nak tengok wayang tak? Saya dan Amir nak pergi tengok wayang ni.
Lily:	Boleh juga. Pukul berapa?
Abdul:	Pukul 7:00 petang karang.
Lily:	Cerita apa?
Abdul:	Judulnya *The Star Wars: Return of The Jedi,* filem Inggeris. Filem ini baru saja keluar tau, tengah *popular* sekarang.
Lily:	Oh cerita ni. Saya tahu, bagus cerita ini. Saya baca dalam surat khabar semalam, filem ini tengah meletup di seluruh dunia.
Abdul:	Ha'aa, betul tu. Tayangan cerita ini juga lama tau.

Lily: Lama? Berapa lama tayangannya?

Abdul: Tiga jam suku lebih kurang.

Lily: Eh, lama tu. Pukul berapa wayang mula?

Abdul: Pukul 7:00 macam tu. Sekarang dah pukul 5:00 petang.

Lily: Eh, tak lama lagi tu. Oklah, kita jumpa kat mana nanti?

Abdul: Jumpa kat stesen LRT Cempaka pukul 6:30 petang. Ajaklah Siti sekali, mana tau dia nak ikut.

Lily: Ok. Nanti saya ajak dia.

Perbualan 3　Memberikan pandangan tentang filem
情景三　评论电影

Hos: Kita bersiaran dalam ruangan bual bicara Lensa Budaya, TV20. Bersama kita sekarang ialah Ketua Pengarah FINAS, Yang Berbahagia Datuk Amar Ma'aruf. Assalamualaikum Datuk.

KP FINAS: Wa'alaikum salam. Terima kasih, apa khabar?

Hos: Baik Datuk. Saya ingin bertanya Datuk tentang filem Melayu. Selaku Ketua Pengarah FINAS, saya kira Datuk paling tepat bercakap tentang isu ini.

KP FINAS: Ya, terima kasih.

Hos: Pertama, apa pandangan Datuk tentang perkembangan terkini industri filem Melayu di negara kita?

KP FINAS:	Bagus soalan tu. Industri filem Melayu sekarang amat lembap dan tidak bermaya. Ada faktor penyebabnya.
Hos:	Err, sekejap Datuk. Apa maksud lembap dan tidak bermaya tu? Sudah matikah apa Datuk?
KP FINAS:	Oh, bukan, bukan itu. Maksud saya filem tempatan kita tidak berkembang dengan pesat seperti yang industri harapkan. Oleh itu, tidak mungkin filem kita boleh berdaya saing dengan filem dari luar. Jika berterusan begini, lambat laun filem Melayu akan mati.
Hos:	Itu penjelasannya Datuk.
KP FINAS:	Ya betul.
Hos:	Para penonton sekalian, kita kembali selepas ini.

II. Peluasan Kosa Kata
二、词汇拓展

电影主题

(1) pelakon　　　　演员　　　　(2) pawagam　　　　电影院

(3) pengarah filem　导演　　　　(4) diterbitkan　　　上映

(5) komedi　　　　喜剧片　　　 (6) filem seni　　　　文艺片

(7) filem tragedi　　灾难片　　　(8) filem seram　　　恐怖片

(9) filem dokumentari 纪录片　　(10) filem fiksyen sains 科幻片

III. Latihan
三、练习

有一天，你遇见了马来西亚留学生 Ali，你向他介绍了你最近看的一部电影。Ali 表示很想看这部电影，希望你详细介绍这部电影的剧情。Ali 还邀请你下次去看一部即将上映的大片，你答应了。你还询问 Ali 有关马来西亚电影的情况，Ali 也为你进行了解答。请根据这段情景用马来语进行对话。

IV. Terjemahan Perbualan
四、参考译文

情景一　谈论最新电影

哈妮：嗨，阿里。昨天你去看电影了？电影是讲什么的？
阿里：英文电影，但主角是中国人，故事非常精彩。
哈妮：真的吗？什么主题啊？
阿里：《英伦对决》，最新的一部电影，正处于热映阶段。
哈妮：哦，这个电影，我听说主角是成龙，对吧？
阿里：是的，你怎么知道？你已经看过了吗？
哈妮：没有啊，我猜的，这部电影的广告经常在电视上播出。
阿里：对啊。
哈妮：这部电影主要讲的什么内容？
阿里：讲了主角成龙的复仇经过，他去寻找杀了他女儿的凶手。他女儿在一场发生在伦敦市的公共场所的爆炸中丧生。
哈妮：这个电影听起来很棒啊，最后他弄清楚谁是杀人凶手了吗？

阿里：知道了，杀人凶手来自北爱尔兰的恐怖组织，这场爆炸案还和英国政府的间谍有关。

哈妮：这么说这部电影和恐怖分子有关了？

阿里：是的。

哈妮：哦。

情景二　邀请朋友看电影

阿布都：莉莉，你想去看电影吗？我和阿米尔想去看电影。

莉莉：　可以。几点？

阿布都：晚上 7 点。

莉莉：　什么电影？

阿布都：名字是《星球大战：极地归来》，英语电影。这部电影刚刚上映，是热门电影。

莉莉：　哦，这部电影，我听说它很棒，昨晚我在报纸上看到了，这部电影在全球都很轰动。

阿布都：是的，这部电影放映时间也很长。

莉莉：　很长？放映时间多长呢？

阿布都：大概 3 小时 15 分钟。

莉莉：　真长啊！电影几点钟开始？

阿布都：大概是 7 点。现在已经 5 点了。

莉莉：　哎，没多久了。好的，那我们待会儿在哪里见面？

阿布都：6 点 30 分在千百家轻轨站见面，把西蒂也叫上，说不定她也很想来。

莉莉：　好的，等一下儿我去叫她。

情景三　评论电影

主持人：　我们正在 20 频道为大家直播《文化透视》访谈节目，今天我们请到的嘉宾是马来西亚电影发展局的局长，尊敬的拿督阿马尔·马鲁夫先生，您好！

局长：　谢谢，你好吗？

主持人：　我很好，先生。我想问问您有关马来电影的一些情况，作为马来西亚电影发展局的局长，我想您非常适合谈论这个话题。

局长：　好的，谢谢。

主持人：　首先，请问您对于马来电影最新的发展情况有什么看法？

局长：　这个问题很好，目前马来电影产业非常薄弱，没有生机，这是有原因的。

主持人：　等一下儿，先生。您说的"非常薄弱"和"没有生机"指的是什么呢？是已经名存实亡了吗？

局长：　不是，不是。我的意思是说，我们的本土电影产业的发展并不如预期，我们的电影与外国电影相比毫无竞争力。如果继续下去，马来电影的发展就会走到尽头。

主持人：　哦，这是您对马来电影的解读。

局长：　是的。

主持人：　各位观众，我们待会儿见。

扫码收看视频

Pelajaran 18　Rekreasi: Menonton persembahan muzik
第十八课　休闲活动之观看演唱会

I. Perbualan
一、情景对话

Perbualan 1　Penyanyi yang diminati
情景一　谈论喜欢的歌手

Hany: Hai Alli.
Alli: Hai.
Hany: Awak nak ke mana tu?
Alli: Ke kedai cd lagu, nak cari dan beli lagu.
Hany: Boleh saya temankan awak?
Alli: Tentu boleh, memang saya nak ajak awak pun.
Hany: Oh yakah? Siapa penyanyi yang paling awak minat?
Alli: Saya? Banyak yang saya minat, tapi yang paling saya minat Siti Nurhaliza.
Hany: Pasal apa Alli suka dia?

Alli: Sebab suaranya tu merdu, dan lagunya sangat bagus. Orangnya juga sangat cantik. Pasal itulah saya suka kat dia haha. Awak pula minat siapa, penyanyi mana?

Hany: Saya suka penyanyi lelaki China, namanya Jay Chou, sebab dia sangat kacak dan lagunya pun bagus semuanya.

Alli: Oh begitu haha. Jom, kita pergi.

Hany: Oklah, jom.

Perbualan 2　Membeli tiket untuk menonton konsert muzik
情景二　买票看演唱会

Alli: Tengah buat apa tu? Asyik layan *handphone* je?

Hany: Oh Alli. Ni ah, ada iklan satu konsert muzik dekat KL ni. Macam *best* je. Rasa nak pergi tengok sebab ramai penyanyi terlibat. Ada penyanyi terkenal pula tu.

Alli: Oh yakah? Dekat mana konsert tu?

Hany: Dekat Istana Budaya, pada 22 September, 2018 ni.

Alli: Oh, di situ. Hany dah beli tiket?

Hany: Belum lagi. Tengah nak belilah ni dalam talian, tapi harga tiket mahallah. Yang paling murah pun kerusi paling atas sekali. Nampak gaya macam dah habis je tiket yang dekat pentas.

Alli: Kerusi paling atas? Eh, jauh tu. Boleh nampakkah pentas ke bawah? Harga termurah, berapa?

Hany: RM200. Kerusi yang ni je tinggal, tapi ini pun tak banyak lagi.

Alli: Tak berbaloilah Hany. Sudahlah tiket mahal, tempat duduk jauh pula tu.

Hany: Nak buat macam mana lagi Alli. Minat punya pasal, beli jelah.

Perbualan 3 Komen setelah selesai konsert muzik
情景三 演唱会后的评论

Alli: Hai Hany, bagaimana konsert semalam, bagus tak?

Hany: Ya memang bagus. Tak rugi menonton walaupun panggung penuh sesak dan tempat duduk jauh. Rugi Alli tak pergi semalam ni.

Alli: Oh yakah? Jadi awak puas hatilah ni.

Hany: Puas hati sangat! Terbaiklah weh!

Alli: Cuba cerita sikit kat saya ni apa yang *best* nya tu?

Hany: Tak naklah. Itulah awak, pergi menonton tak mau. Kedekut sangat keluarkan duit beli tiket.

Alli: Amboi, cantiknya bahasa. Bukan saya kedekut, tiket tu yang mahal, dan saya tak ada duit. Lainlah kalau awak belanja haha.

Hany: Eii, jangan nak mengada-ngada ya. Saya sangat suka penyanyi lelaki Korea tu. Dahlah vokalnya mantap dan lagu pun bagus, lawa pula tu. Yang penyanyi Indonesia perempuan tu pula boleh tahan. Putih dan comel sangat.

Alli: Eh, penyanyi Malaysia takde kah?

Hany: Ada, tapi tak sehebat penyanyi undangan dari luar negara. Pasal tulah tiketnya mahal agaknya Alli.

Alli: Oh begitu.

II. Peluasan Kosa Kata
二、词汇拓展

歌曲主题

(1) lirik	歌词	(2) penggubah	作曲人
(3) karaoke	卡拉 OK	(4) senarai lagu	歌单
(5) penyanyi	歌手	(6) artis	艺术家
(7) album	专辑，唱片	(8) kumpulan/band	乐队
(9) muat naik	上传	(10) muat turun	下载
(11) dimainkan	播放	(12) genre	流派，类型
(13) akustik	原声	(14) muzik pop	流行音乐
(15) muzik klasik	古典音乐	(16) muzik rakyat	民俗音乐
(17) penyanyi lelaki	男歌手	(18) penyanyi wanita	女歌手

III. Latihan
三、练习

小明很喜欢周杰伦，他向他的马来西亚朋友 Ali 介绍了周杰伦，并邀请 Ali 一起观看李克勤 7 月 20 日的演唱会，Ali 欣然接受邀请。小明在售票网站上查看，发现票已售罄，于是两人决定在其他网站上碰碰运气，看看有没有人出售多余的演唱会门票。请用马来语模拟这段对话。

IV. Terjemahan Perbualan
四、参考译文

情景一 谈论喜欢的歌手

哈妮：嗨，阿里。

阿里：嗨。

哈妮：你准备去哪里啊？

阿里：去CD店，我想找歌曲，买歌曲光碟。

哈妮：我可以跟你一起去吗？

阿里：当然可以，我也想叫你跟我一起去呢。

哈妮：真的吗？你最喜欢的歌手是哪一位？

阿里：我喜欢的歌手有很多，要说最喜欢的就是西蒂·诺哈丽莎了。

哈妮：你为什么喜欢她？

阿里：我喜欢她是因为她的声音很好听，歌唱得很好，人也很漂亮。你喜欢哪位歌手，来自哪里？

哈妮：我喜欢的是一位中国男歌手，他叫周杰伦，因为他很帅气，歌唱得实在是好极了。

阿里：哦，原来是这样。走吧。

哈妮：走。

情景二 买票看演唱会

阿里：你在做什么？忙着玩儿手机呢？

哈妮：哦，阿里。你看，广告说有一场演唱会准备在吉隆坡办，看样子不错哦。我真想去看啊，很多著名歌手参演。

阿里：真的吗？演唱会在哪里啊？

哈妮：在文化宫，时间是 2018 年 9 月 22 日。

阿里：哦，是在那里。你已经买票了吗？

哈妮：还没有。正准备在网上购买，但是票价太贵了。最便宜的票也是最远的座位了，靠近舞台的座位看样子已经卖完了。

阿里：最远的座位？太远了吧。能看得到下面的舞台吗？最便宜的票是多少钱？

哈妮：200 令吉，就只剩下这个价位的票了，而且也没剩多少了。

阿里：太不值得了。已经买了那么贵的票，座位还那么远。

哈妮：那有什么办法，你如果有兴趣，那就只能买咯。

情景三　演唱会后的评论

阿里：嗨，哈妮。昨晚的演唱会怎么样，好看吗？

哈妮：很好。尽管演唱会现场人山人海，座位也远，但很值。可惜你昨晚没去。

阿里：真的吗？那你应该很满足啊。

哈妮：当然满足了，简直不能再棒了！

阿里：那你给我说说昨晚的演唱会，怎么样？

哈妮：我才不说呢。你这个人，让你去看你又不愿意去，出点儿钱那么吝啬。

阿里：哎哟，你可真会说。不是因为我吝啬，而是真的太贵了，我没钱啊。如果你请我去看，那我肯定会去的，哈哈。

哈妮：别做梦了。我真的太喜欢那个韩国歌手了，声音浑厚，歌唱得好，长得也帅。还有印尼的女歌手也很不错，皮肤很白，美丽可人。

阿里：有没有马来西亚的歌手呢？

哈妮：有，但是比不上其他国家的歌手，可能这就是票价贵一些的原因吧。

阿里：哦，这样啊。

扫码收看视频

Pelajaran 19 Rekreasi: Menonton pementasan tradisional Melayu
第十九课 休闲活动之观看马来传统舞台剧

I. Perbualan
一、情景对话

Perbualan 1 Menonton persembahan teater tradisional Makyung
情景一 观看传统戏剧玛蓉

Hany: Tahukah Ismail apa nama pementasan ini?

Ismail: Ya, tahu. Ini teater tradisional Melayu kan?

Hany: Awak ni, memang betullah ini satu teater tradisional Melayu, tapi nama teater ini apa?

Ismail: Oh itu, semasa kat universiti dulu, saya ada belajar tapi sekarang saya lupa. Ini teater Mekmulung kan?

Hany: Bukan, salah tu Ismail. Nama teater ini Makyung. Teater ini berbentuk dramatari dan amat popular di negeri pantai timur. Tahu tak negeri pantai timur tu kat mana?

Ismail: Saya tahu, di negeri Kelantan.

Hany: Ya betul, Kelantan. Gerak tari dalam teater ini sangat perlahan tapi rumit dan berseni.

Ismail: Saya dengar dalam teater ini bunyi percakapannya seperti orang Kelantan.

Hany: Memang betul. Bahasanya guna dialek Melayu tempatan. Teater ini ada pengaruh Siam juga.

Ismail: Oh begitukah?

Hany: Em.

Perbualan 2　Menonton Wayang Kulit
情景二　观看皮影戏

Ismail: Hany, awak nak tengok persembahan Wayang Kulit tak?

Hany: Boleh juga. Pukul berapa?

Ismail: Pukul 7:30 karang.

Hany: Kat mana persembahan tu?

Ismail: Auditorium DBP.

Hany: Oh kumpulan wayang sama dari Kelantan itu jugalah kan? Kalau kumpulan tu, saya tak maulah pergi sebab dah biasa sangat.

Ismail: Bukan kumpulan tu. Kalau kumpulan tu, saya pun malas pergi, dah selalu sangat kan? Kali ini Kumpulan Wayang Kulit Seri Asun dari Kedah.

Hany: Oh menarik ni. Saya dengar kumpulan dari Kedah ni sangat *best*. Ceritanya kelakar dan banyak sentuh isu semasa.

Ismail: Ha'aa, betul tu. Saya juga dengar begitu.

Hany: Agak-agak berapa lama persembahannya ya?

Ismail: Tak taulah, mungkin dua jam kot.

Hany: Eh, lama tu. Pukul berapa mula?

Ismail: Pukul 7:30 karang. Sekarang dah pukul 5:00. Tak lama lagi.

Hany: Tak lama lagi tu. Oklah, jumpa kat mana karang?

Ismail: Stesen LRT Cempaka pukul 6:30. Ajaklah Siti sekali, kot-kot dia mau ikut.

Hany: Ok, kejap lagi *call* Siti.

Perbualan 3   Pertandingan berbalas pantun
情景三   班顿比赛

Ismail: (Sedang membaca petikan pantun.)
Ke Pekan Kuala membeli timba,
　　Sayang pesanan terlupa sudah;
Majlis bermula tirai dibuka,
　　Dengan alunan madah yang indah.

Hany: (Tepuk tangan.) Wah, pandainya Ismail berpantun. Apasal tiba-tiba berpantun ni?

Ismail: Mana ada pandai, saya baca ikut dalam buku ni je.

Hany: Habis tu, kenapa awak berpantun pula?

Ismail: Takda apa, saja suka-suka baca. Teringat majlis malam tadi. Pantun tu dibaca pengacara, pantun pembuka majlis pertandingan berbalas pantun antara kementerian.

Hany: Eh eh, seroknya. Kat mana majlis tu diadakan?

Ismail: Di auditorium Angkasapuri, RTM. Tulah pasal, kenapa awak tak pergi semalam? Seronok tau.

Hany: Tak ke mana-mana pun, kat rumah saja. Sibuk sangat semalam. Banyak kerja nak dibuat. Eh, siapa juara pertandingan semalam?

Ismail: Kumpulan pemantun DBP lah.

Hany: Dah agak dah.

Ismail: Memang patut pun dia orang menang jadi juara. Pemantun mereka sangat hebat. Semua pantun dapat dijual-beli dengan tepat. Paling saya suka, suasana dalam majlis tu.

Hany: Kenapa?

Ismail: Terasa kembali ke zaman Melayu silam, penuh seni budaya Melayu. Bukan saja pemantun berbusana Melayu, penonton juga berbusana Melayu.

Hany: Oh begitukah? Seronoknya!

II. Peluasan Kosa Kata
二、词汇拓展

（一）戏剧

(1) canang	小铜锣	(2) gedombak	单面鼓
(3) geduk	大鼓	(4) serunai	木萧
(5) kesi	形似铜钹的一种打击乐器		
(6) mong	锣	(7) gendang	鼓
(8) gong	大铜锣	(9) gamelan	乐队
(10) dalang	皮影戏表演者	(11) teater	舞台表演艺术，戏剧

（二）马来传统诗歌

(1) Pantun	班顿	(2) Gurindam	古玲当姆
(3) Syair	沙伊尔	(4) baris	行
(5) ikatan berirama	韵脚	(6) rangkap	对
(7) pantun agama	宗教班顿	(8) pantun budi	道德班顿
(9) pantun jenaka	谐趣班顿	(10) pantun percintaan	爱情班顿
(11) pantun perpisahan	别离班顿		

III. Latihan
三、练习

小明所在班级下个月要表演马来西亚舞蹈，于是小明向 Ali 求助。Ali 向小明简单介绍了马来西亚几种常见的传统舞蹈。请用马来语模拟这段对话。

IV. Terjemahan Perbualan
四、参考译文

情景一　观看传统戏剧玛蓉

哈妮：　你知道这台戏的名字吗？
伊斯迈：我知道。这是马来传统戏剧吧？
哈妮：　你说得对，这是马来传统戏剧，但是戏剧的名字是什么呢？
伊斯迈：哦，这个，我之前读大学的时候学过，但现在不记得了。这是 Mekmulung

吗？

哈妮： 不对，伊斯迈。这是玛蓉戏剧，以歌舞剧的形式呈现，尤其在东海岸非常流行。你知不知道东海岸是哪里？

伊斯迈： 我知道，吉兰丹州。

哈妮： 是的，吉兰丹。舞蹈的动作很慢，有些复杂，但充满了艺术色彩。

伊斯迈： 我听说戏剧里面说话的口音也和吉兰丹人类似，是吗？

哈妮： 是的，用的是马来语地方方言。这种戏剧也受到了暹罗的影响。

伊斯迈： 哦，这样啊？

哈妮： 是的。

情景二　观看皮影戏

伊斯迈： 哈妮，你想不想去看皮影戏？

哈妮： 可以，几点去？

伊斯迈： 7 点半。

哈妮： 在哪里演出啊？

伊斯迈： 在马来西亚国家语文局大礼堂。

哈妮： 参演的是吉兰丹的皮影戏团吗？如果是的话，我不想去看了，因为已经看过太多遍了。

伊斯迈： 不是。如果是那个戏团，我也不想去了，确实看过太多遍了。这回参演的是来自吉打州的 Seri Asun 戏团。

哈妮： 很有意思啊。我听说这个吉打州的戏团很棒。故事幽默风趣，谈论很多现实话题。

伊斯迈： 对，我听说也是这样。

哈妮： 演出大概持续多久？

伊斯迈： 不知道，大概两个小时吧。

哈妮： 好久啊，几点开始呢？

伊斯迈： 7点半开始。现在已经5点了，不剩多少时间了。
哈妮： 确实不剩多少时间了，我们过会儿在哪儿见？
伊斯迈： 6点半在千百家地铁站见吧，把西蒂也叫上，万一她也想去呢。
哈妮： 好的，等一下儿我给她打电话。

情景三　班顿比赛

伊斯迈： （正在念一首班顿）北根巴鲁买水桶，可惜忘了这件事。大会开始序幕拉开，唇枪舌战妙语连珠。
哈妮： （鼓掌）哇，伊斯迈，你班顿念得可真厉害。怎么突然念起了班顿？
伊斯迈： 哪里厉害了，我照着书念的。
哈妮： 那你为什么要念班顿呢？
伊斯迈： 没什么，就是喜欢念。突然想起昨天的部级班顿演出，这首班顿就是主持人在开场的时候念的。
哈妮： 不错啊。演出在哪里举行？
伊斯迈： 在马来西亚广播电视台大礼堂。你昨晚怎么不去？演出很精彩。
哈妮： 昨晚哪儿也没去，就在家里待着，太忙了，很多工作要做。哎，昨晚的演出谁拿了冠军啊？
伊斯迈： 是语文局的班顿队拿了冠军。
哈妮： 不出所料。
伊斯迈： 确实应该是他们拿冠军。他们的班顿选手实在是太厉害了，每一首班顿都对得很准确。当然最让我喜欢的是演出的氛围。
哈妮： 为什么？
伊斯迈： 感觉回到了古时候那种充满马来文化艺术气息的时代，不光是参赛选手身着马来服饰，观众们也都穿上了马来服饰。
哈妮： 这样啊？棒极了！

Pelajaran 20 Melancong: Menempah hotel dan tiket
第二十课　旅行之订酒店和机票

I. Perbualan
一、情景对话

Perbualan 1   Memilih destinasi melancong
情景一　选择旅游目的地

Lily: Eh, Hisham, cuti semester akhir ni, awak tak melancong ke mana-mana?

Hisham: Rancangan tu adalah Lily, tapi tak reti macam mana nak pilih destinasi yang menarik dan murah.

Lily: Alah, tu senang je, *google* je kat internet. Carilah mana-mana tempat nak pergi, dalam atau luar negara. Zaman internet makin maju ni, ia banyak membantu tau. Ada banyak *apps* berikan perkhidmatan mencari dan buat tempahan tiket pesawat dan hotel.

Murah dan mudah.

Hisham: Oh yakah? Saya tak taulah pula, sebab bab-bab internet-gajet ni, saya ketinggalan tau. *Apps* mana yang bagus ya?

Lily: Ada banyaklah, seperti trivago, traveloka, agoda. Pilihlah mana-mana satu. Semuanya sama, mudah dan murah.

Hisham: Oh ok, awak pula bercuti ke mana kali ini?

Lily: Emm, rasanya saya nak pergi ke Thailand.

Hisham: Wah, seronoknya awak, bercuti ke luar negara. Thailand kat mana tu?

Lily: Chieng Mai. Awak pula ke mana?

Hisham: Dalam negara je, Langkawi, haha.

Lily: Itu pun pilihan bagus. Ok, selamat mencuba ya.

Perbualan 2 Menempah hotel
情景二 订酒店

Pekerja: Selamat datang tuan. Boleh saya tolong?

Tetamu: Selamat petang, ada bilik kosong tak?

Pekerja: Ya ada tuan, dari kategori bilik *presidential suite* hingga bilik *standard*.

Tetamu: Saya mahu yang murah je. Bilik *standard* ada lagi tak?

Pekerja: Sebentar tuan, saya semak dulu.

Tetamu: Ya.

Pekerja: Oh, maaf ya tuan, bilik *standard* sudah penuh. Bilik *deluxe* ada lagi kosong.

Tetamu: Berapa harga bilik *deluxe*?

Pekerja: RM230.00+ semalam dengan sarapan untuk dua orang.

Tetamu: Katil biliknya jenis *king* atau *queen*?

Pekerja: Katil *king*. Tuan seorang atau dengan pasangan?

Tetamu: Dengan isteri sayalah.

Pekerja: Oh, sesuai sangat bilik ini untuk tuan dan puan. Baik tuan tempah bilik ini sekarang sebab bilik *deluxe* kosong tinggal tiga buah je. Tapi bilik untuk tuan ini istimewa sedikit, sebab menghadap ke arah laut.

Tetamu: Oh menghadap laut, cantiklah pemandangan ya. Baiklah cik, saya mahu bilik *deluxe* ini.

Pekerja: Baik tuan, saya proseskan dulu tempahan ini ya.

Tetamu: Ya, baiklah.

Perbualan 3   Menempah tiket bas
情景三　订车票

Kerani tiket: Selamat petang encik. Boleh saya tolong?

Sulaiman: Selamat petang. Ini kaunter bas ke Johorkah?

Kerani tiket: Ha'aa Encik, kaunter ini laluan ke selatan, Johor dan Melaka.

Sulaiman: Terima kasih cik. Malam nanti, pukul berapa ada bas bertolak ke Johor ya?

Kerani tiket:	Ada banyak encik, setiap sejam ada. Encik nak pukul berapa?
Sulaiman:	Pukul 8:00 ada tak tempat kosong?
Kerani tiket:	Sebentar, saya semak dulu ya. Maaf encik, tak ada lagilah. Pukul 9:00 masih ada kosong.
Sulaiman:	Oh ya. Pukul 9:00 ni ada kerusi di bahagian depan tak?
Kerani tiket:	Ada encik, di baris tiga. Dua kerusi kosong sebelah menyebelah.
Sulaiman:	Oklah, saya beli dua kerusi tu. Harga tiket berapa?
Kerani tiket:	Satu tiket RM25. Dua tiket jadi RM50 lah.
Sulaiman:	Dua tiket RM50, satu RM25 ya? Nah, ini wangnya.
Kerani tiket:	Kejap ya saya ambil tiket. Ini tiketnya encik.
Sulaiman:	Terima kasih.
Kerani tiket:	Ya, sama-sama.

II. Peluasan Kosa Kata
二、词汇拓展

（一）常用旅游软件

(1) Booking　　　缤客　　　　(2) Trivago　　　　　　优栈网
(3) Agoda　　　　安可达

（二）酒店主题

(1) aparthotel　　　公寓式酒店　　(2) rumah tamu　　　　旅馆
(3) motel　　　　　汽车旅馆　　　(4) penginapan layan diri　自助式住宿

(5) bilik standard	标准房	(6) bilik deluxe twin	豪华双人房
(7) bilik deluxe singal	豪华单人房	(8) bilik superior suite	高级套房
(9) bilik deluxe suite	豪华套房		
(10) bilik executive business		行政商务大床房	
(11) baucar sarapan	早餐券	(12) bilik mandi	浴室
(13) tandas	厕所	(14) tuala mandi	洗澡毛巾
(15) peti sejuk	冰箱	(16) peti keselamatan	保险柜
(17) cerek pemanas air	烧水壶		

（三）买票主题

(1) penerbangan	机票	(2) tiket pergi balik	往返票
(3) tiket sehala	单程票	(4) tiket berbilang bandar	多程票
(5) kelas kabin	舱位	(6) kelas ekonomi	经济舱
(7) kelas perniagaan	商务舱	(8) kelas ekonomi premium	豪华经济舱
(9) kelas pertama	头等舱	(10) kereta sewa	租车
(11) kereta kecil	小型汽车	(12) kereta sederhana	中型汽车
(13) kereta besar	大型汽车	(14) kereta premium	豪华汽车

III. Latihan
三、练习

现在是 2019 年 6 月 1 日，你的马来西亚朋友 Ishak 先生计划在 2019 年 9 月 20 日前后从马来西亚首都吉隆坡乘飞机来广西南宁参加中国-东盟博览会，但他不会使用订票软件，向你求助。请用马来语模拟一段你和 Ishak 先生的对话。

IV. Terjemahan Perbualan
四、参考译文

情景一　选择旅游目的地

莉莉：　　哎，希沙姆，刚结束的这个假期，你没去哪里旅游吗？
希沙姆：　本来是打算去的，但是不知道要去哪里，想去又好玩儿又便宜的地方。
莉莉：　　哎呀，很简单的，在谷歌上搜一搜就可以了。找你想去的地方，国内国外都有。现在互联网发展十分迅速，给我们带来了很多便利。有很多应用程序都提供这样的服务，可以寻找旅游景点、订机票、订酒店，快捷又便宜。
希沙姆：　真的吗？我还不知道呢，互联网的这些东西我不太懂。哪个应用程序比较好呢？
莉莉：　　有很多啊，比如说 trivago、traveloka、agoda。随便选一个，都差不多，简单又便宜。
希沙姆：　你这回准备去哪里度假？
莉莉：　　我可能去泰国。
希沙姆：　哇，不错啊，可以出国。去泰国哪里玩儿？
莉莉：　　去清迈。你去哪里？
希沙姆：　我就在国内游，去兰卡威岛，哈哈。
莉莉：　　也挺好的，可以试试。

情景二　订酒店

工作人员：　欢迎光临，先生，我可以帮您吗？
宾客：　　下午好，请问有空房吗？
工作人员：　有的，先生，从总统套房到标准套房都有。

宾客：　　　我想要便宜的，标准套房还有吗？

工作人员：　您稍等，我看看。

宾客：　　　好的。

工作人员：　不好意思，先生，标准套房已经没有了，豪华套房还有。

宾客：　　　豪华套房多少钱？

工作人员：　一晚230令吉以上，包含双人早餐。

宾客：　　　是双人床还是两张床？

工作人员：　是双人床。您是一个人还是和您夫人一起？

宾客：　　　和我妻子一起。

工作人员：　哦，这间房非常适合您和您夫人。您最好现在就预订，因为豪华套房也只剩下3间了。您这间房比较特别，是海景房。

宾客：　　　哦，原来是海景房，那一定很漂亮了。好的，女士，那我订这间豪华套房。

工作人员：　好的，先生，我现在帮您预订。

宾客：　　　好的。

情景三　订车票

售票员：下午好，先生。我可以帮您吗？

苏莱曼：下午好。这里有去柔佛的巴士吗？

售票员：有的，先生，这里有去南方的车，柔佛和马六甲都有。

苏莱曼：谢谢。晚上去柔佛的车是几点出发？

售票员：有很多，每一个小时都有车。您想要几点的？

苏莱曼：8点的有吗？

售票员：稍等，我查一下儿。抱歉先生，已经没有了，9点的车还有座位。

苏莱曼：哦，9点的车有前排的座位吗？

售票员：有的，在第3排。有两个靠边的座位。

苏莱曼：好的，那我要这两个座位。多少钱？
售票员：一张票25令吉，两张票50令吉。
苏莱曼：两张50令吉，一张25令吉对吧？喏，给你钱。
售票员：稍等，我给您拿票。这是您的票。
苏莱曼：谢谢。
售票员：不客气。

Pelajaran 21　Melancong: Tempat pelancongan di China
第二十一课　旅游之中国的旅游景点

I. Perbualan
一、情景对话

Perbualan 1　Ibu kota China, bandar raya Beijing
情景一　中国首都北京

Maria: Kasturi, tahukah awak nama ibu kota China?

Kasturi: Tentulah saya tahu, Beijing kan? Dulu tahun 2008, *Olympic Games* diadakan kat sana.

Maria: Betul tu, Beijing ibu kota China. Pernahkah awak pergi ke sana?

Kasturi: Pernah. Saya dah dua kali pergi ke Beijing. Satu kali untuk lawatan kerja, DBP suruh saya melawat Canselor BFSU kat situ. Satu lagi saya pergi melancong.

Maria: Awak dah melancong ke mana di Beijing?

Kasturi: Di Beijing saya kunjungi Tembok Besar, Kuil Syurga, Istana Kuno, dan Medan Tian'anmen.

Maria: Wah, banyaknya tempat awak dah pergi ya. Setahu saya, Beijing amat penting bagi orang China, kan?

Kasturi: Ya, betul. Beijing adalah pusat politik, pusat kebudayaan, pusat ekonomi, pusat pendidikan bagi orang China. Beijing ini luasnya hampir 17,000 kilometer persegi dan hampir 22 juta penduduk tinggal di Beijing itu.

Maria: Besarnya Beijing ini ya. Bagaimana cuaca kat sana pula?

Kasturi: Kat Beijing ada 4 musim, suhu pada musim sejuk dan musim panas jauh berbeza. Pada musim sejuk, ada salji pula.

Maria: Lain kali, bila awak ke sana, ajaklah saya sekali.

Kasturi: Boleh, tak ada masalah.

Perbualan 2　Bandar raya Shanghai
情景二　大都市上海

Hany: Selamat datang ke Shanghai.

Alli: Terima kasih Hany. Ini pusat Bandar Shanghai kan?

Hany: Ya, ini pusat bandar. Alli pernahkah dengar nama Shanghai ni?

Alli: Pernah, tapi tak tahu sangatlah. Jadi tolong Hany perkenalkan Shanghai kepada saya.

Hany: Shanghai ni merupakan bandar raya terbesar di China. Ia juga wilayah perbandaran di bawah pentadbiran langsung pemerintahan pusat negara China ni, sama juga dengan Beijing, Tianjin, dan Chongqing. Shanghai ni memainkan peranan penting dalam bidang kebudayaan, perdagangan, kewangan, dan perindustrian sekali dengan komunikasi.

Alli: Oh, begitukah? Eh, Hany, ini Sungai Huangpu kan?

Hany: Ya, betul tu. Sungai Huangpu ni juga sungai ibunda bagi orang Shanghai. Pemandangan kat sini memang cantik.

Alli: Kat situ, bangunan yang tinggi, apa namanya?

Hany: Itu Menara TV tempatan, biasanya orang sini panggil Mutiara Timur, ia tegak di tebing Sungai Huangpu ni. Tinggi menara ini dalam 470 meter. Ia juga mercu tanda bandar raya Shanghai.

Alli: Sekarang dah waktu senja, lihat tu, lampu-lampu dah menyala, keadaan terang-benderang dan suasana sungguh meriah, dan kita boleh hayati pemandangan yang sangat makmur di Shanghai ni.

Hany: Ya, betul tu.

Perbualan 3 Bandar raya Guangzhou
情景三 大都市广州

Ayah Xiao Hong: Eh, Xiao Hong, sekarang dah habis *college entrance examination* tukah?

Xiao Hong: Ya, dah habis. Tapi saya kena pilih universiti mana nak masuk nanti.

Ayah Xiao Hong: Oh, jadi awak nak pilih universiti mana?

Xiao Hong: Sekarang saya belum pasti, cuma saya nak ke Guangzhou dulu.

Pelajaran 21　Melancong: Tempat pelancongan di China　第二十一课　旅游之中国的旅游景点

Ayah Xiao Hong: Haha, pandailah awak pilih Guangzhou. Guangzhou ini ibu kota provinsi Guangdong tau. Di sini banyak sangat universiti terkenal lagi.

Xiao Hong: Apa universiti ada kat sana?

Ayah Xiao Hong: Ada *Sun Yat San University, Jinan University, South China University of Technology, Guangdong University of Foreign Studies, South China Agricultural University, South China Normal University,* dan banyak lagi tau. Awak nak belajar apa?

Xiao Hong: Saya nak belajar ilmu pendidikan, sebab saya nak jadi cikgu. Jadi universiti yang mana lebih sesuai ya?

Ayah Xiao Hong: Oh, kira nak jadi gurulah ni, pilihlah *South China Normal University*. Kalau tinggal dan belajar kat sana, memang seronoklah. Bandar Guangzhou ni terkenal dengan pelbagai makanan yang sedap. Kemudahan juga bagus, ada metro, teksi, prasarana juga disediakan di Guangzhou.

Xiao Hong: Wah, harap-harap saya dapat ke sana ya. Terima kasih ya.

Ayah Xiao Hong: Sama-sama.

II. Peluasan Kosa Kata
二、词汇拓展

（一）中国历史文化名城

(1) Beijing　　　　北京　　　(2) Xi'an　　　　西安
(3) Luoyang　　　　洛阳　　　(4) Nanjing　　　南京

(5) Kaifeng	开封	(6) Hangzhou	杭州
(7) Anyang	安阳		

（二）山川河流

(1) Gunung Taishan	东岳泰山	(2) Gunung Songshan	中岳嵩山
(3) Gunung Huashan	西岳华山	(4) Gunung Hengshan	南岳衡山
(5) Gunung Hengshan	北岳恒山	(6) Banjaran Himalaya	喜马拉雅山
(7) Banjaran Qinling	秦岭	(8) Banjaran Changbai	长白山
(9) Banjaran Tianshan	天山	(10) Banjaran Kunlun	昆仑山
(11) Sungai Yangtze	长江	(12) Sungai Huanghe	黄河
(13) Sungai Yarlung Zangbo	雅鲁藏布江	(14) Terusan Besar China	京杭大运河

III. Latihan
三、练习

中国有许多历史文化名城。请你模拟一段对话，向你的马来西亚朋友 Ishak 先生介绍一个中国的历史文化名城。

IV. Terjemahan Perbualan
四、参考译文

情景一　中国首都北京

玛莉亚：　卡斯图里，你知道中国的首都是哪里吗？

卡斯图里： 我当然知道，是北京吧？2008年奥运会就是在那里举行的。
玛莉亚： 是的，北京是中国的首都，你去过那里吗？
卡斯图里： 去过。我去过北京两次。一次是去出差，马来西亚国家语文局安排我去北京拜访北京外国语大学的校长。另外一次是去旅游。
玛莉亚： 你在北京游览了哪些地方？
卡斯图里： 我在北京游览了长城、天坛、故宫和天安门广场。
玛莉亚： 哇，你游览过好多地方。据我所知，北京对于中国人来说很重要，对吗？
卡斯图里： 是的，没错。对于中国人来说，北京是政治中心、文化中心、经济中心和教育中心。北京的面积将近1.7万平方千米，有将近2200万人居住在那里。
玛莉亚： 北京真大啊。那里的气候如何呢？
卡斯图里： 北京有四个季节，冬季和夏季的气温相差很大。在冬天还会下雪。
玛莉亚： 下次你什么时候去北京，叫上我一起去吧。
卡斯图里： 可以，没问题。

情景二　大都市上海

哈妮：欢迎来到上海。
阿里：谢谢哈妮。这里是上海市中心吗？
哈妮：是的，这是上海市中心。你听说过上海吗？
阿里：听说过，但是不是很了解。你给我介绍一下儿上海吧。
哈妮：上海是中国最大的城市，它和北京、天津以及重庆一样，是中国的直辖市。上海在文化、商贸、金融、工业和传媒等领域都扮演着重要角色。
阿里：哦，是吗？哎，哈妮，这是黄浦江吗？
哈妮：是的，没错。黄浦江也是上海的母亲河。这里的风景的确很美。

阿里：那个高的建筑是什么？
哈妮：那是本地电视塔，当地人通常称它为东方明珠塔，它坐落在黄浦江边。这个塔高达470米，是上海市的地标建筑。
阿里：现在已经是傍晚了，看那边，已经亮灯了。灯光十分明亮，气氛也十分热闹，我们可以在上海体验一下儿繁华的夜色。
哈妮：是的。

情景三　大都市广州

小红父亲：哎，小红，现在考完大学入学考试了吗？
小红：　　是的，考完了。但我还得选择要去的大学。
小红父亲：哦，那你想要选择哪所大学呢？
小红：　　现在我还不确定，之前我只想去广州。
小红父亲：哈哈，你选广州真是选对了。广州是广东省的省会城市，在那里有很多著名的大学。
小红：　　那里有什么大学呢？
小红父亲：有中山大学、暨南大学、华南理工大学、广东外语外贸大学、华南农业大学、华南师范大学等。你想学什么呢？
小红：　　我想学习教育学，因为我想成为一名老师，哪一所大学更适合我呢？
小红父亲：噢，如果想要当老师，那就选华南师范大学吧。如果你在那里学习和居住，确实会很舒适。广州以各种各样的美食闻名。在广州，设施也很便利，有地铁、出租车，各项基础设施都很完备。
小红：　　哇，希望我能够去那里。谢谢爸爸。
小红父亲：不客气。

Pelajaran 22 Melancong: Tempat pelancongan di Malaysia
第二十二课 旅游之马来西亚旅游景点

I. Perbualan
一、情景对话

Perbualan 1 Tempat menarik di Kuala Lumpur
情景一 吉隆坡的旅游景点

Alli: Eh Hany, hari ini hari Ahad, jom kita bersiar-siar di Kuala Lumpur. Mahu tak?

Hany: Ya, tentu mahu. Wow, bagusnya!

Alli: Jadi cepatlah bersiap!

Hany: Dah siap dah ni.

Alli: Tempat pertama yang kita akan pergi ialah Menara Berkembar Petronas.

Hany: Oh saya tahu yang itu, ini menara berkembar tertinggi di dunia sekarang, kan?

Alli: Ya betul. Menara ini mercu tanda Malaysia yang paling terkenal di dunia. Tingginya lebih kurang 1,400 kaki, dan mempunyai 88 tingkat. Dari tahun

1998 sehingga 2004, ia adalah yang tertinggi di dunia, sebelum dikalahkan oleh Menara 101 di Taipei dan Menara Burj Khalifa, dan banyak lagi menara lain. Tapi sekarang masih kekal menara berkembar tertinggi di dunia.

Hany: Oh, ya kah? Sangat menarik penjelasan awak tu. Tapi mengapa ia masih kekal tertinggi di dunia?

Alli: Sebab belum ada lagi negara lain yang membina menara tinggi secara berkembar begini.

Hany: Oh, ya tak ya juga kan, haha.

Perbualan 2　Berkunjung ke Melaka
情景二　到访马六甲

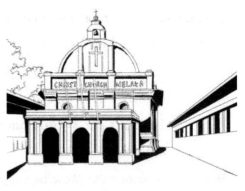

Alli: Kita dah sampai kat Melaka ni.

Hany: Eh, ni kawasan Bandar Hilir Melaka kan?

Alli: Ha'ah betul, ini pusat bandar Melaka. Juga dikenal Bandaraya Bersejarah. Kat sini tumpuan pelancong sebab banyak tinggalan sejarah Melaka. Jom kita cari hotel dulu?

Hany: Eh nantilah. Selepas melawat, baru kita cari hotel.

Alli: Biar betul awak, oklah. Nampak tak di atas bukit tu apa?

Hany: Atas bukit tu? Nampak, tapi saya tak tau.

Alli: Itulah Kota A Famosa, tinggalan Portugis. Usianya lebih kurang 500 tahun tau. Bangunan lama yang nampak sedikit kat bawah tu apa?

Hany: Manalah saya tahu.

Alli: Itulah replika Istana Sultan Melaka.

Hany: Eh Alli, tu yang jauh, tinggi, berputar macam kapal angkasa tu apa?

Alli: Oh, itu Menara Taming Sari. Memang berputar, tapi taklah laju. Fungsinya sebagai menara tinjau untuk melihat panorama bandar raya Melaka. Kat kawasan menara tu banyak sekali tempat menarik tau. Ada Muzium Samudera, ada replika kapal layar Portugis namanya Flor de la Mar.

Hany: Oh.

Perbualan 3 Melawat bandar raya Kuching, Sarawak
情景三 游览砂拉越州古晋市

Hany: Besar negeri Sarawak ni kan!

Alli: Ya, Sarawak negeri terbesar di Malaysialah. Hampir sebesar Semenanjung Malaysia. Sarawak ada 12 bahagian. Kita sekarang ni berada di bahagian Kuching, bahagian yang pertama, juga dikenal sebagai bandar raya Kuching, ini juga ibu negeri Sarawak tau.

Hany: Apa yang menarik di Kuching ni?

Alli: Bagi saya, yang paling menarik, di Kuching nilah satu-satunya bandar raya di Malaysia yang ditadbir oleh dua majlis perbandaran iaitu Dewan Bandaraya Kuching Utara (DBKU) dan Dewan Bandaraya Kuching Selatan (DBKS).

Hany: Oh, macam tu.

Alli: Yang menarik juga ialah Kampung Budaya dan makanan khas Sarawak.

Hany: Kampung Budaya?

Alli: Kampung Budaya ni terletak kat kaki Gunung Santubong, tak jauh dari Kuching, kira-kira 30 kilometer begitulah. Kampung ini menghimpunkan budaya hidup hampir semua etnik utama di Sarawak, termasuklah tempat tinggal mereka. Itulah sebab kampung ini mendapat julukan Muzium hidup.

Hany: Oh ini tentu menarik kan. Yang makanan khas Sarawak tu pula?

Alli: Di Kuching ni lah terkenal dengan sedapnya makanan 5 mi khas Sarawak iaitu Mi Kolok, Mi Laksa Sarawak, Mi Jawa, Mi Belacan, dan Mi Pok.

Hany: Sedapnya, nak terliur saya ni.

Alli: Haha, nantilah saya belanja awak rasa makanan tu semua ya.

II. Peluasan Kosa Kata
二、词汇拓展

（一）马来西亚各州主要旅游景点

（1）玻璃市（Perlis）：哥兰山洞（Gua Kelam）、哥打稼秧博物馆（Muzium Kota Kayang）、亚娄皇宫（Istana Diraja Arau）

（2）吉打（Kedah）：浮罗交怡（Pulau Langkawi）、水稻博物馆（Muzium Padi）、皇室大厅堂（Balai Besar）、布央谷（Lembah Bujang）

（3）槟榔屿（Pulau Pinang）：升旗山（Bukit Bendera）、甲必丹吉宁清真寺（Masjid Kapitan Keling）、蛇庙（Tokong Ular）

（4）霹雳（Perak）：哥打淡板（Kota Tampan）、三宝洞（Tokong Sam Poh Tong）、邦咯岛（Pulau Pangkor）、安顺斜塔（Menara Condong, Teluk Intan）

（5）雪兰莪（Selangor）：黑风洞（Batu Caves）、阿南莎皇宫（Istana Alam Shah）、朱格拉皇宫（Istana Jugra）

（6）森美兰（Negeri Sembilan）：森美兰博物馆（Muzium Negeri Sembilan）、神安池皇宫（Istana Seri Menanti）、波德申（Port Dickson）

（7）马六甲（Melaka）：马六甲古城门（Kota A'Famosa）、鸡场街（Jalan Hang Jebat）、甘榜摩登（Kampung Morten）、三宝山（Bukit Cina）、达明沙里旋转塔（Menara Taming Sari）

（8）柔佛（Johor）：诗巫岛（Pulau Sibu）、迪沙鲁海滩（Pantai Desaru）、苏丹阿布巴卡清真寺（Masjid Negeri Sultan Abu Bakar）、柔佛大皇宫（Istana Besar）

（9）彭亨（Pahang）：金马伦高原（Tanah Tinggi Cameron）、云顶高原（Tanah Tinggi Genting）、刁曼岛（Pulau Tioman）

（10）吉兰丹（Kelantan）：风筝博物馆（Muzium Wau）、甘榜拉勿清真寺（Masjid Kampung Laut）、迪沙沙白海滩（Pantai Dasar Sabak）

（11）登嘉楼（Terengganu）：热浪岛（Pulau Redang）、肯逸湖（Tasik Kenyir）、伊斯兰文化公园（Taman Tamadun Islam）

（12）砂拉越（Sarawak）：长屋（Rumah Panjang）、尼亚洞（Gua Niah）、姆鲁山国家公园（Taman Negara Gunung Mulu）

（13）沙巴（Sabah）：天涯海角灯火楼（Tanjung Simpang Mengayau）、沙巴博物馆（Muzium Sabah）、西巴丹岛（Pulau Sipadan）、神山（Gunung Kinabalu）

（14）吉隆坡联邦直辖区（Wilayah Persekutuan Kuala Lumpur）：国油双峰塔（Menara Berkembar Petronas）、独立广场（Dataran Merdeka）、苏丹阿都沙末大厦（Bangunan Sultan Abdul Samad）、中央艺术坊（Pasar Seni）、国家清真寺（Masjid Negara）

（15）布城联邦直辖区（Wilayah Persekutuan Putrajaya）：布城清真寺（Masjid Putra）、湿地公园（Taman Wetland）、布城湖（Tasik Putrajaya）、布城国际会议中心（Pusat Persidangan Antarabangsa Putrajaya）

（16）纳闽联邦直辖区（Wilayah Persekutuan Labuan）：烟囱博物馆（Muzium Cerobong）、纳闽博物馆（Muzium Labuan）、纳闽海洋博物馆（Muzium Marin Labuan）

（二）马来西亚舞蹈

（1）马来族：伊娘舞（Tarian Inang）、玛咏舞（Tarian Makyung）

（2）华族：狮子舞（Tarian Singa）

（3）印度族：婆罗多舞（Tarian Bharathanatyam）

（4）原住民族群：社旺舞（Tarian Sewang）

（5）砂拉越族群：英雄舞（Tarian Ngajat）

（6）沙巴族群：苏马绍舞（Tarian Sumazau）

（7）锡克族：邦戈拉舞（Tarian Bhangra）

III. Latihan
三、练习

你的同班同学小白打算暑假去马来西亚旅游。请用马来语模拟一段对话，向小白推荐旅游路线和旅游景点，并说明理由。

IV. Terjemahan Perbualan
四、参考译文

情景一　吉隆坡的旅游景点

阿里：哎，哈妮，今天是星期五，我们一起去逛逛吉隆坡吧。想去吗？

哈妮：呀，当然想。喔，太棒了！

阿里：那快点儿准备吧！

哈妮：已经准备好了。

阿里：我们要去的第一个地方是吉隆坡石油双峰塔。

哈妮：哦，我知道，这是目前世界上最高的双峰塔，对吗？

阿里：是的，这两座世界闻名的摩天大楼是马来西亚的地标建筑。它们的高度大约为 1400 英尺，有 88 层。1998 年至 2004 年间它们是世界上最高的摩天大楼，那时还没有被台北 101 大楼、哈利法塔和其他摩天大楼超越。但是现在它们仍然是世界上最高的双峰塔。

哈妮：哦，是这样吗？你说得真好。但是为什么它们还是世界上最高的双峰塔呢？

阿里：因为到目前为止还没有哪个国家建造出像这样的双峰塔。

哈妮：哦，怪不得呢，哈哈。

情景二　到访马六甲

阿里：我们已经到达马六甲了。

哈妮：哎，这里是马六甲的怡力区吧？

阿里：哈哈，是的，这是马六甲市中心，同时也是历史名城。这里吸引了大量的游客，因为马六甲有许多历史古迹。我们先去找酒店吧？

哈妮：哎，等一下儿。参观完之后，我们再去找酒店吧。

阿里：你说得对，没问题。你看到那座山上了吗，那是什么？

哈妮：那座山上？看到了，但是我不知道那是什么。

阿里：那个是法摩沙堡，葡萄牙人留下的遗址，它已经有大约五百年的历史了。下面那个露出一点点的建筑，你知道是什么吗？

哈妮：我哪儿知道。

阿里：那是马六甲苏丹皇宫的模型。

哈妮：哎，阿里，那个又远又高、像太空船一样不停旋转的东西是什么？

阿里：哦，那个是淡敏沙里塔。它确实是在不停地旋转，但是速度不快。它的功能是用作观光塔来观赏马六甲的全景。在观光塔上能看到许多名胜古迹，有海事博物馆，还有仿造的"海上之花"号葡萄牙帆船。

哈妮：哦。

情景三　游览砂拉越州古晋市

哈妮：砂拉越州可真大啊！

阿里：是的，砂拉越是马来西亚最大的州，几乎和马来半岛一样大。砂拉越有12个省。咱们现在所在的地方是古晋市，是砂拉越州的首府。

哈妮：古晋有什么好玩儿的？

阿里：对我来说，古晋最有趣的是它是马来西亚唯一一个由两个市议会管理的城市，分别是古晋北市政厅和古晋南市政厅。

哈妮：哦，这样啊。

阿里：砂拉越的文化村和特色美食也很有意思。

哈妮：文化村？

阿里：文化村位于山都望山脚下，离古晋市不远，大约30千米。这个村庄汇集了砂拉越几乎所有主要民族的文化，包括他们的民居遗址。这就是这个村庄获得"生活博物馆"称号的原因。

哈妮：哦，这的确很吸引人。砂拉越的特色美食有哪些？

阿里：古晋以5种砂拉越特色面而闻名，分别为哥罗面、叻沙面、爪哇面、虾酱面和干捞面。

哈妮：真诱人，我都馋了。

阿里：哈哈，下次我请你吃遍这些美食。

Pelajaran 23   Taman riadah
第二十三课　休闲公园

扫码收看视频

I. Perbualan
一、情景对话

Perbualan 1   Melawat taman bunga
情景一　游览花园

Xiao Lan:	Berapa buah taman bunga di Kuala Lumpur ni?
Alli:	Ada tiga, Taman Bunga Anggerik, Taman Bunga Raya, dan Taman Bunga Kertas.
Xiao Lan:	Jadi yang ini taman bunga apa?
Alli:	Ini Taman Bunga Raya.
Xiao Lan:	Amboi, banyaknya juga bunga raya sini! Cantik-cantiklah tu.
Alli:	Ya, memang banyak bunga kat sini. Ada 500 jenis bunga raya kat sini.
Xiao Lan:	Wah, yang warna ungu tu sangat cantiklah. Saya suka.
Alli:	Bunga raya ni adalah bunga kebangsaan Malaysia tau?

Xiao Lan: Ya, saya tahu. Negara kami juga ada bunga kebangsaan tapi ada dua jenis.

Alli: Oh, yakah? Bunga apa tu?

Xiao Lan: Bunga plum dan bunga peony. Bunga plum tu sedikit macam bunga sakura. Bunga peony pula saya rasa sama spesies bunga raya, tapi kelopaknya lebih banyak. Bunga raya ni sedikit kelopaknya.

Alli: Oh, begitukah? Tentu cantik bunga-bunga tu kan? Harumkah?

Xiao Lan: Taklah harum sangat. Sama seperti bunga raya juga, tak ada bau.

Alli: Haha.

Perbualan 2   Melawat zoo
情景二   游览动物园

Azman: Inilah Zoo Negara kami.

Hany: Besar dan hebat ya. Banyak ke haiwan di sini dan berapa jumlahnya?

Azman: Ya, memang banyak tapi saya tak tahulah jumlahnya berapa. Lihat kat tasik tu, ada banyak burung flamingo dan bangau kan.

Hany: Yalah, comelnya warna jingga. Sekejap ya saya nak ambil gambar burung flamingo tu.

Azman: Hati-hati, nanti burung tu terbang.

Hany: E'eh, ada berapa ekor lagi datanglah, comelnya.

Azman: Yalah, jom kita ke sebelah sana pula. Wah, kat sana lagi banyak burung.

Hany: Ini burung apa ya? Cantiknya, bewarna-warni.

Azman: Oh, ini burung merak. Yang ekor terkembang tu merak jantan. Yang kecil tu pula merak betina.

Hany: Yang di atas dahan tu burung apa?

Azman: Itu burung enggang.

Hany: Sungguh jinaknya burung-burung ni.

Azman: Jomlah kita ke sana pula. Ada banyak lagi rusa dan ada kanggaru kat sana.

Hany: Ada kanggaru? Jom.

Perbualan 3   Melawat Gunung Qingxiu
情景三   游览青秀山

Alli: Hany, besok dah hari minggu. Kita nak ke mana ya?

Hany: Tak tahulah, kat Nanning ni, mana tempat yang menarik lagi?

Alli: Ada Gunung Qingxiu yang terkenal tu. Hany nak ke sana kah?

Hany: Bagus tu. Bolehkah kita berkelah di sana?

Alli: Bolehlah, di situ ada tempat untuk berkelah. Nanti ajaklah kawan-kawan kita ikut serta.

Hany: Pemandangan di sana tu cantik tak?

Alli: Kat mana? Gunung Qingxiu memang cantik, puncaknya tinggi menyapu awan. Jika dilihat dari jauh, pemandangannya sangat cantik seperti sebuah lukisan. Dan terdapat banyak jenis spesies burung juga dekat situ.

Hany: Jadi bagaimana nak ke sana tu?

Alli: Kita boleh naik bas No. 76 lalu transit No. 32, tapi perjalanan tu makan masa sedikit lamalah.

Hany: Kalau naik teksi pula?

Alli: Kalau naik teksi, tak lama, 1 jam akan sampai. Tapi tambang tu mahal sikit, 60 yuan.

Hany: Tak apalah tu. Esok barang kita ni banyak.

Alli: Ok, jadi besok kita bertolak pukul 7:00 pagi ya?

Hany: Ok, saya balik dulu ya. Selamat malam.

Alli: Ok, selamat malam.

II. Peluasan Kosa Kata
二、词汇拓展

（一）常见植物

(1) orkid	兰花	(2) daisy	雏菊
(3) kenanga	依兰花	(4) tulip	郁金香
(5) jejarum	龙船花	(6) teratai	莲花
(7) melur	茉莉	(8) kekwa	菊花
(9) keembung	凤仙花	(10) cempaka	木兰花
(11) bakung	百合花	(12) kemboja	鸡蛋花
(13) mawar	玫瑰	(14) telepok	睡莲
(15) dahlia	大丽菊		

（二）常见动物

(1) ayam	鸡	(2) kucing	猫
(3) anjing	狗	(4) itik	鸭子
(5) arnab	兔子	(6) buaya	鳄鱼
(7) angsa	鹅	(8) katak	青蛙
(9) serigala	狼	(10) harimau	老虎
(11) kerbau	水牛	(12) lembu	牛
(13) ikan	鱼	(14) kambing	羊

III. Latihan
三、练习

你的马来西亚朋友 Ishak 正在南宁出差，周末他让你带他到南宁动物园和南宁园博园逛逛。请用马来语模拟一段你们这一天的对话。

IV. Terjemahan Perbualan
四、参考译文

情景一 游览花园

小兰：吉隆坡有多少个花园？

阿里：有三个，兰花园、朱瑾花园和杜鹃花园。

小兰：那这里是哪个花园？

阿里：这是朱瑾花园。

小兰：天哪，这里有好多朱瑾花，太美了。

阿里：是的，这里确实有很多朱瑾花，大约有 500 种朱瑾花。

小兰：哇，紫色的朱瑾花真漂亮，我很喜欢。

阿里：朱瑾花是马来西亚的国花呢。

小兰：是啊，我知道。我们国家也有国花，不过我们的国花有两种。

阿里：哦，是吗？是什么花呢？

小兰：梅花和牡丹花。梅花有点儿像樱花。牡丹花我感觉和朱瑾花是同一种类，但是它的花瓣更多，朱瑾花的花瓣比较少。

阿里：哦，是这样吗？那一定很漂亮吧？有香味吗？

小兰：不是很香，像朱瑾花一样，没有气味。

阿里：哈哈。

情景二　游览动物园

阿兹曼：　这是我们的国家动物园。

哈妮：　真大真壮观。这里有很多动物吗？总共有多少种动物？

阿兹曼：　是啊，确实很多，但我不知道总数有多少。看那个湖，有好多火烈鸟和鹭。

哈妮：　是啊，橙色的真可爱。等一会儿，我想拍一下儿火烈鸟的照片。

阿兹曼：　小心，它们飞走了。

哈妮：　哎呀，有几只过来了，好可爱。

阿兹曼：　是啊，我们去那边吧。哇，那里有好多鸟。

哈妮：　这是什么鸟？真漂亮，五颜六色的。

阿兹曼：　噢，这是孔雀。尾巴展开的那只是雄孔雀，那只小的是雌孔雀。

哈妮：　树枝上那只是什么鸟？

阿兹曼：　那是犀鸟。

哈妮： 这些鸟真温和。

阿兹曼： 走，我们去那边。那里有好多鹿和袋鼠。

哈妮： 有袋鼠吗？走。

情景三　游览青秀山

阿里：哈妮，明天是星期天，我们去哪里呢？

哈妮：不知道啊，南宁有什么好玩儿的地方呢？

阿里：有青秀山，特别有名。你想去那里吗？

哈妮：好啊，我们可以去那里野餐吗？

阿里：可以，那里有专门的地方可以野餐。稍后我们邀请朋友一起加入。

哈妮：那里的风景漂亮吗？

阿里：哪里？青秀山的风景秀丽，它的山顶高过云层。如果从远处看，青秀山的风景美丽如画，那里也有许多种类的鸟。

哈妮：那我们怎么去青秀山呢？

阿里：我们可以坐76路公交车转32路公交车，但是路程有些费时。

哈妮：如果我们乘坐出租车呢？

阿里：如果坐出租车，很快，一个小时就能到。但是有点儿贵，60元。

哈妮：没关系，明天我们要带很多东西。

阿里：好的，那明天我们早上7点出发如何？

哈妮：好的，我先告辞了。晚安。

阿里：好的，晚安。

扫码收看视频

Pelajaran 24　Sukan dan permainan
第二十四课　体育运动

I. Perbualan
一、情景对话

Perbualan 1　Perbualan tentang jenis sukan yang disukai
情景一　谈论喜欢的运动

Hany:　Awak suka bersukan Alli?

Alli:　Ya. Saya suka main badminton. Awak pula?

Hany:　Saya juga suka. Saya main skuasy. Masa sekolah dulu, saya main mewakili sekolah.

Alli:　Oh hebatnya awak. Saya taklah sehebat awak. Saya main badminton sekadar bersukan saja, untuk kesihatan dan keluarkan peluh.

Hany:　Saya pun sama, sekarang main skuasy untuk kesihatan saja.

Alli:　Kat mana awak main skuasy?

Hany:　Di gelanggang skuasy Kementerian Belia dan Sukan. Saya main sebelah malam saja, tiga kali seminggu. Awak pula, main badminton kat mana?

Alli: Saya main kat dewan badminton kepunyaan kelab badminton. Saya juga main sebelah malam tapi empat kali seminggu.

Hany: Oh begitu. Ramaikah orang main badminton kat situ?

Alli: Ya, memang ramai, malah selalu penuh sebab main badminton ni kan ramai orang suka.

Hany: Kat gelanggang skuasy tak ramai yang main.

Alli: Apa sebabnya?

Hany: Entahlah, mungkin peralatan skuasy ni mahal kot.

Perbualan 2 Menonton perlawanan bola sepak
情景二 观看足球赛

Abidin: Nah, ini tiket awak. Yang ini tiket saya.

Hany: Terima kasih. Berapa harga tiket ni?

Abidin: RM20 je. Jom kita masuk, perlawanan dah nak mula ni. Stadium juga dah sesak. Kang susah cari tempat duduk.

Hany: Pasukan bola sepak mana yang main ni?

Abidin: Pasukan bola sepak Selangor lawan JDT. Kedua-duanya pasukan berada di tangga satu dan dua dalam carta Liga Super Malaysia tau.

Hany: Oh ya, tentu kuat kedua-dua pasukan ni kan?

Abidin: Sudah tentu.

Hany: Awak sokong pasukan mana?

Abidin: Saya orang Johor, dah tentulah sokong JDT lah haha. Haa, tu pasukan yang berjersi biru tu, tulah JDT. Awak pula sokong pasukan mana?

Hany: Saya tak sokong sapa-sapa, saya temankan awak je menonton perlawanan bola sepak ni.

Abidin: Oh, haha.

Perbualan 3　Faedah bersukan
情景三　运动的好处

Fahmi: Hai Halimah.

Halimah: Hai Fahmi.

Fahmi: Saya nak tanya, dulu awak kata awak suka bersukan. Awak main skuasy kan? Apa faedah bersukan ya?

Halimah: Bersukan ni banyak sekali faedahnya Fahmi. Tapi tergantunglah bagaimana bentuk sukan itu memberikan faedah kepada pemainnya. Bagi saya pula, bersukan ni ada tiga faedah penting.

Fahmi: Apa dia?

Halimah: Pertama, untuk menjaga kesihatan tubuh badan, fizikal dan mental. Kedua, dengan bersukan, kita mengisi masa lapang dengan aktiviti yang berguna dan positif. Ketiga, ketika kita bersukan tu, kita bergaul dan berinteraksi secara sihat dengan orang lain. Jadi keterlibatan dan rasa tanggungjawab kita terhadap hal ehwal masyarakat setempat tu lebih bermakna.

Fahmi: Oh, betul sekali kata awak tu. Saya sangat setuju.

Halimah: Yang awak pula, apa faedah bersukan?
Fahmi: Haha, saya tak tau sebab saya tak suka bersukan. Saya bersenam je.
Halimah: Pulak tak? Haha.

II. Peluasan Kosa Kata
二、词汇拓展

（一）马来西亚足球联赛

(1) Liga Super Malaysia　　　　马来西亚足球超级联赛
(2) Liga Premier Malaysia　　　马来西亚首要足球联赛
(3) Piala Malaysia　　　　　　马来西亚联赛杯
(4) kelab bola sepak　　　　　足球俱乐部
(5) Kelab bola sepak Johor Darul Takzim
　　　　　　　　　　　　　　柔佛达鲁达格敬足球俱乐部

(6) kedudukan	位置	(7) formasi	阵型
(8) penjaga gol	守门员	(9) pertahanan	后卫
(10) pemain tengah	中场	(11) penyerang	前锋
(12) gol	进球	(13) kasut emas	金靴奖
(14) disingkirkan	降级	(15) pemenang/juara	冠军
(16) naib juara	亚军	(17) tempat ketiga	季军
(18) tuan rumah	东道主		

（二）常见体育运动类型

(1) angkat berat	举重	(2) badminton	羽毛球

(3) besbol	棒球	(4) lumba basikal	自行车赛
(5) biliard/snuker	台球/斯诺克	(6) tenis	网球
(7) bola keranjang	篮球	(8) polo air	水球
(9) bola sepak	足球	(10) bola tampar	排球
(11) hoki	曲棍球	(12) gimnastik	体操
(13) gusti	摔跤	(14) olahraga	田径
(15) pingpong	乒乓球	(16) ragbi	橄榄球
(17) taekwando	跆拳道	(18) skuasy	壁球
(19) silat	马来武术		

（三）世界著名体育赛事

(1) Sukan Olimpik Musim Panas	夏季奥运会
(2) Sukan Olimpik Musim Sejuk	冬季奥运会
(3) Sukan Asia	亚洲运动会
(4) Sukan Asia Tenggara	东南亚运动会
(5) Sukan Komanwel	英联邦运动会
(6) Piala Dunia FIFA	世界杯
(7) Piala Asia AFC	亚洲杯
(8) Piala Eropah	欧洲杯
(9) Liga Juara-Juara UEFA	欧冠联赛
(10) Piala Sudirman	苏迪曼杯羽毛球赛

III. Latihan
三、练习

2018 年世界杯足球赛火热进行中，请用马来语模拟一段你和朋友观看 2018 年世界杯足球赛的对话，说明比赛性质、对阵双方、赛况、结果等。

IV. Terjemahan Perbualan
四、参考译文

情景一 谈论喜欢的运动

哈妮：阿里，你喜欢运动吗？

阿里：对啊，我喜欢打羽毛球，你呢？

哈妮：我也喜欢运动，我喜欢打壁球。以前我在学校的时候，就是校队成员。

阿里：哇，真厉害。我可没你那么厉害。羽毛球我也就是打打而已，锻炼身体，出出汗。

哈妮：我也一样，打球是为了锻炼身体。

阿里：你在哪里打壁球啊？

哈妮：我在青年及体育部的壁球场打，一般都是晚上打，一个星期打三天。你呢，在哪里打羽毛球？

阿里：我在羽毛球俱乐部的羽毛球馆打，我也是晚上打，一个星期打四天。

哈妮：哦，这样啊，在那里打羽毛球的人多吗？

阿里：非常多，羽毛球馆经常爆满，因为太多人喜欢打羽毛球了。

哈妮：壁球场很少有人打球。

阿里：为什么呢？

哈妮：不知道，可能打壁球的装备比较贵吧。

情景二　观看足球赛

阿比丁：喏，这是你的票，这是我的票。

哈妮：谢谢，这票多少钱？

阿比丁：20令吉。我们进去吧，比赛快要开始了，体育场现在人很多，等一下儿很难找座位。

哈妮：这是哪个队和哪个队比赛啊？

阿比丁：这是雪兰莪队对阵柔佛新山队，这两支球队在马来西亚超级联赛积分榜中位列榜首和次席。

哈妮：哦，这样啊，那这两支球队很厉害啊。

阿比丁：那是肯定的。

哈妮：你支持哪个队？

阿比丁：我是柔佛人，当然支持柔佛新山队了。你看，身着蓝色队服的就是柔佛新山队。你支持那个队呢？

哈妮：我是中立球迷，我就是陪着你来看球赛而已。

阿比丁：哦，哈哈。

情景三　运动的好处

法米：嗨，哈丽玛。

哈丽玛：嗨，法米。

法米：我想问你，你之前说你喜欢运动，喜欢打壁球对吧？运动有什么好处呢？

哈丽玛：运动有很多好处，但是也取决于什么样的运动，不同的运动会给人带来不一样的好处。我觉得呢，运动有三大好处。

法米：说说看？

哈丽玛：第一，运动能够保持身体健康，无论是生理上的还是心理上的。第二，我们可以通过运动来度过空闲的时光，运动是十分有益和积极的一种活动。第三，我们在运动的时候，能够和其他人产生良性的互动和交流。这样的话，我们对于社会热点问题的参与度和责任感就会加强，这是很有意义的一件事。

法米：你说得对，我很赞同。

哈丽玛：你呢，你觉得运动有什么好处？

法米：哈哈，我也不知道运动有什么好处，因为我都不运动。我就做做操而已。

哈丽玛：这样啊？哈哈。

扫码收看视频

Pelajaran 25   Membeli-belah di pasar raya
第二十五课   在超市购物

I. Perbualan
一、情景对话

Perbualan 1   Dalam pasar raya
情景一   在超市里

Alli: Awak nak beli apa?

Hany: Saya nak beli bijirin dan makanan ringan, bahan makanan biasa untuk sarapan tu.

Alli: Oh makanan tu letaknya di hujung sana tu, tak jauh dekat sudut. Saya ambilkan troli dulu ya.

Hany: Ok, baiklah. Saya ke sana dulu ya. Nanti jumpa kat sana tau.

Alli: Oi, banyaknya makanan awak. Ada roti, susu cair, susu tepung, keju, tepung gandum, mentega, tepung penaik, bijirin, ibu roti. Apa, awak nak buat kenduri ke?

Hany: Taklah, ini kan bahan-bahan utama untuk buat roti dan kuih. Saya nak buat juadah sarapan. Nah, tolong masukkan ke dalam troli kat sana tu.

Alli: Yalah, faham.

Hany: Kat mana tempatnya barang-barang tenusu dan telur ayam ya? Saya nak beli telur dan milo tin.

Alli: Alah, kat sebelah ni je.

Hany: Ok.

Perbualan 2   Memilih barang
情景二   选购商品

Alli: Awak dah selesai beli bahan makanan untuk sarapan kan?

Hany: Ya, dah.

Alli: Jom, temankan saya ke tingkat dua pula.

Hany: Buat apa ke tingkat dua tu?

Alli: Saya nak tengok baju batik dan kasut. Kalau ada yang berkenan, harga berpatutan, nak belilah juga.

Hany: Ok.

Alli: Lihat kasut ni cantiklah. Kualitinya pun elok, kulitnya lembut, jenama terkenal, dan warnanya menarik pula.

Hany: Ha'aa, berapa harganya?

Alli: Tak mahallah, RM159 saja. Ada diskaun lagi 50%, jadi harganya dalam RM79.50.

Hany: Murah sangat tu, berbaloi beli.

Alli: Yalah, saya nak tanya saiz dulu. Harap-harap saiz saya ada.

Hany: Tu, jurujual ada kat situ. Awak tanyalah dia.

Alli: Ok. (Mengeluh) Saiz kaki saya dah habislah. Saiz kasut ni pun terhad.

Hany: Patutlah jual harga murah macam tu.

Alli: Ya, kasut-kasut di sini harganya murah tapi saiznya tu yang tak ada. Dahlah, kita ke bahagian kemeja pula. Kat sana tu nampak tak? Ada kemeja batik.

Hany: Aa'ah, jom ke sana.

Alli: Marilah.

Perbualan 3　Membayar di kaunter
情景三　在柜台付款

Alli: Alamak, panjangnya pembeli beratur kat Kaunter 16 ni.

Hany: Yalah.

Alli: Tu, kat Kaunter 25 tu kurang orang. Marilah cepat ke sana.

Hany: Awak tolonglah tolak troli ni, beratlah.

Alli: Yalah, yalah, ini semua barang awak yang beli tau.

Hany: Ya, saya tahu.

Juruwang: Tuan ada kad keahlian?

Alli: Ada, ni.

Juruwang: Nak beg plastik tak?

Alli: Nak dua cik.

Juruwang: Beg plastik sekarang kena bayar tau tuan?

Alli:	Yakah? Bila mula bayar ni? Sebelum ni tak ada pun bayar, kenapa kena bayar pula?
Juruwang:	Baru mula ni tuan, seminggu dah. Ini kempen kerajaan "Menghijaukan Alam Sekitar". Semua pasar raya sama je tuan. Tapi kalau tuan tak nak tak apa juga.
Alli:	Oh begitu. Berapa harga beg plastik ni?
Juruwang:	20 sen je. Harga semua RM267.40.
Alli:	Boleh guna kad debit tak?
Juruwang:	Boleh, boleh.
Alli:	Ok.

II. Peluasan Kosa Kata
二、词汇拓展

（一）超市的各个分区

(1) kawasan makanan siap dimasak	熟食区
(2) kawasan makanan segar	生鲜区
(3) kawasan makanan laut	海鲜区
(4) kawasan barangan keperluan harian	日用品区
(5) kawasan sayur dan buah	蔬果区
(6) kawasan pakaian	服装区
(7) kawasan perkakas rumah	家电区
(8) kawasan alat tulis	文教用品区
(9) kawasan makanan ringan	零食区

(10) kawasan minuman　　　　　　饮料区

(11) kaunter pembayaran　　　　　收银台

（二）常用购物用语

1. 常购物品

  (1) sos　　　　　　酱　　　　(2) beras　　　　　　米

  (3) gula-gula　　　　糖果　　　(4) rempah　　　　　香料

  (5) susu tepung　　　奶粉　　　(6) jem　　　　　　　果酱

  (7) roti　　　　　　面包　　　(8) biskut　　　　　　饼干

  (9) alat solek　　　　化妆品　　(10) serbuk pencuci　　洗衣粉

  (11) sabun　　　　　肥皂　　　(12) bateri　　　　　　电池

  (13) coklat　　　　　巧克力　　(14) minyak masak　　食用油

2. 支付用语

  (1) resit　　　　　　收据　　　(2) wang tunai　　　　纸币

  (3) wang kertas　　　纸币　　　(4) duit syiling　　　　硬币

  (5) ringgit　　　　　令吉特　　(6) kad kredit　　　　　信用卡

  (7) kad keahlian　　　会员卡　　(8) beg membeli-belah　购物袋

3. 购物场所及其基础设施

  (1) eskalator　　　　　自动扶梯　　(2) lif　　　　　　电梯

  (3) mesin daftar tunai　　　　　　　收款机

  (4) mesin penghitung wang kertas　　点钞机

  (5) bakul　　　　　　篮子　　　(6) troli beli belah　　手推车

  (7) televisyen litar tertutup (CCTV)　监控器

  (8) rak barang　　　　货架　　　(9) peti sejuk　　　　冰箱

III. Latihan
三、练习

有一天你来到马来西亚吉隆坡谷中城的 Big 超市,发现美禄(Milo)正在火热销售中。请用马来语模拟一段你和美禄销售员的对话。

IV. Terjemahan Perbualan
四、参考译文

情景一　在超市里

阿里：你要买什么?
哈妮：我要买早餐经常吃的谷物和零食。
阿里：哦,食品区就在那里,离角落不远。我先过去拿手推车。
哈妮：好的。我先去那里了,待会儿我们在那边会合。
阿里：喂,你买好多食物啊,有面包、牛奶、奶粉、面粉、牛油、发酵粉、谷物、酵母。怎么,你是要办宴会吗?
哈妮：不是啊,这些是做面包和糕点的主要材料,我要做点心来当早餐。喏,帮我放进那边的手推车里。
阿里：好的,明白了。
哈妮：哪里是卖乳制品和鸡蛋的地方?我要买鸡蛋和罐装美禄。
阿里：哎呀,就在这边。
哈妮：好的。

情景二　选购商品

阿里：你已经买好做早餐的食材了啊？

哈妮：是的，已经买好了。

阿里：走吧，跟我去二楼吧。

哈妮：去二楼做什么？

阿里：我想买巴迪服和鞋子，如果有满意的、价格合适的就买。

哈妮：好的。

阿里：你看这些漂亮的鞋子，质量好，皮质柔软，品牌出名，颜色也好看。

哈妮：好，多少钱？

阿里：不贵，才 159 令吉，折扣 50%，最后才 79.5 令吉。

哈妮：真便宜，值得入手。

阿里：是啊，我先问问尺码，希望能有我的尺码。

哈妮：售货员在那儿，你去问问她。

阿里：好的。（叹气）我的尺码的鞋已经售罄了，鞋子的尺码不全。

哈妮：怪不得卖得这么便宜。

阿里：是啊，这里的鞋子价格便宜但是没有我的尺码。算了吧，我们去服装区吧，看到了吗，那边？那里有巴迪服。

哈妮：好，我们过去吧。

阿里：走吧。

情景三　在柜台付款

阿里：　天哪，16 号柜台排队的队伍真长啊。

哈妮：　是啊。

阿里：　看那边，25 号柜台人很少，我们去那里排队吧。

哈妮：　你快帮忙推一下儿手推车，太重了。

阿里：　好的，好的，这些东西全是你买的。

哈妮：	是啊，我知道。
收银员：	先生，您有会员卡吗？
阿里：	有，这里。
收银员：	需要塑料袋吗？
阿里：	要两个。
收银员：	先生，现在塑料袋需要收费了。
阿里：	是吗？什么时候开始收费了？之前都不需要收费，为什么现在要收费呢？
收银员：	刚刚开始收费的，先生。已经开始一星期了，政府倡导的"绿化环境"运动。所有的商场都是这样的，先生。如果先生不想买塑料袋也没有关系。
阿里：	哦，原来如此。这个塑料袋多少钱？
收银员：	20 仙。共计 267 令吉 40 仙。
阿里：	可以用借记卡吗？
收银员：	可以。
阿里：	好的。

扫码收看视频

Pelajaran 26　Membeli-belah di pasar malam
第二十六课　在夜市购物

I. Perbualan
一、情景对话

Perbualan 1　Memilih buah-buahan
情景一　选购水果

Penjual:	Itu durian Musang King paling elok kak. Baru je sampai.
Pelanggan:	Yang ini dari mana durian ni?
Penjual:	Dari Beserah, Pahang, kak. Masih baru, tengok tangkainya ni, masih bergetah lagi.
Pelanggan:	Berapa harga sekilo ni?
Penjual:	RM18 sekilo.
Pelanggan:	Mahalnya sekilo. Padahal sekarang ni musim buah durian.
Penjual:	Mana mahal, kak? Ini buah baik kak, baru lagi. Pasal musim durian harganya murah. Kalau tak, harga Musang King ni RM25 sekilo, kak.
Pelanggan:	Tak ada yang murah lagikah?

Penjual:	Kalau nak murah, yang ini murah sikit, ini durian Udang Merah namanya, harga RM15 sekilo.
Pelanggan:	Masih mahallah. Ada lagi yang murah tak, yang tak pakai timbang kilo?
Penjual:	Ada, yang habis murah itu yang dalam bakul tu. Itu murah juga, jual pakai biji. Itu Durian Kampung tapi rasa pun sedap juga.
Pelanggan:	Pakai biji, macam mana kalau pakai biji tu?
Penjual:	Lima biji RM20 kak.
Pelanggan:	Ah, yang ini barulah murah, saya nak beli yang inilah. Sedap tak sedap tu, belakang kira, janji harga murah ya.
Penjual:	Haha.

Perbualan 2   Memilih daging dan sayur
情景二   选购肉和蔬菜

Penjual 1:	Cik nak daging apa?
Pelanggan:	Daging lembu bahagian rusuk ada tak?
Penjual 1:	Oh ada, yang ini.
Pelanggan:	Yang ini daging segar tempatankah?
Penjual 1:	Ya cik, daging segar. Kat pasar malam mana ada jual daging ais, cik.
Pelanggan:	Berapa harga ni?
Penjual 1:	RM35 sekilo cik.
Pelanggan:	Saya mahu tiga kilolah. Berapa jumlahnya semua?
Penjual 1:	Jumlahnya RM105 cik.

Pelanggan: Kuranglah sikit?

Penjual 1: Boleh. Bagi RM100 saja.

Pelanggan: Amboi, kurang RM5 je. Bagilah RM90?

Penjual 1: Mana boleh cik. Kami untung sikit je. Bagi RM97.00 sudahlah.

Pelanggan: Baiklah, terima kasih.

Penjual 2: Sayur, sayur! Sayur segar dari ladang. Mari, mari! Sayur, sayur! Murah, murah! Sayur!

Pelanggan: Bagi saya sayur kailan ni RM5 dan sayur kacang buncis ni RM5 juga.

Penjual 2: Baik cik, ada sayur lain lagikah?

Pelanggan: Cukuplah tu. Nah, ni wangnya.

Penjual 2: Baik cik, terima kasih.

Perbulan 3　Makan di pasar malam
情景三　在夜市吃饭

Pakcik: Berapa harga satu pek nasi goreng tomato ni nak?

Pekedai 1: Yang ni RM5 sepek pakcik.

Pakcik: Laksa Utara ni pula?

Pekedai 1: Sama harga pakcik, RM5 satu pek.

Pakcik: Oh, tak adakah harga murah? Pakcik makan tak banyak nak, sikit je, sebab pakcik tak ada gigi.

Pekedai 1: Haha, pak cik, mana ada harga murah separuh pek pakcik. Semua makanan kat sini dijual sama harga. Semua RM5 satu pek.

Pekedai 2: Eh, kesian pakcik nilah. (Pekedai bercakap kepada Pekedai 1.) Awak ambik nasi goreng tomato ni separuh, ada dalam belanga tu, masukkan dalam beg plastik, jual kepada pakcik ni separuh harga, RM2.50. Apa susah, awak ni!

Pekedai 1: *Sorry* bos, *sorry* bos. Ok bos. Pakcik, nah nasi goreng tomato separuh.

Pakcik: Berapa harga ni?

Pekedai 1: RM2.50 pakcik.

Pakcik: Oh, RM2.50 je. Kejap ya, ini wangnya nak, RM3. Air buah tembikai tu berapa?

Pekedai 1: Pakcik nak dalam gelas ke dalam kantung plastik?

Pakcik: Gelas.

Pekedai 1: Kalau gelas harganya RM3. Kalau kantung plastik pula RM2.50.

Pakcik: Takpe, nak plastik juga.

Pekedai 1: Ok.

II. Peluasan Kosa Kata
二、词汇拓展

常见水果

(1) ciku	人心果	(2) jambu batu	番石榴
(3) nangka	菠萝蜜	(4) mangga	芒果
(5) limau	橘子	(6) durian	榴莲
(7) manggis	山竹	(8) pulasan	野生红毛丹
(9) tembikai	西瓜	(10) betik	木瓜
(11) nanas	凤梨	(12) pisang	香蕉
(13) rambutan	红毛丹	(14) longan / mata kucing	龙眼

(15) pear	梨	(16) limau bali	柚子
(17) epal	苹果	(18) anggur	葡萄

III. Latihan
三、练习

有一天你和你的马来西亚朋友 Fatimah 来到马来西亚雪兰莪的 SS2 夜市。夜市上灯火通明,各式商品映入眼帘。请用马来语模拟一段你和你的朋友逛夜市的对话。

IV. Terjemahan Perbualan
四、参考译文

情景一　选购水果

小贩：　那是最好的猫山王榴莲,大姐。刚刚到的。

顾客：　这些榴莲产自哪里?

小贩：　这些榴莲来自彭亨州的美塞拉,很新鲜,你看这个茎,还很有黏性。

顾客：　一公斤多少钱?

小贩：　一公斤 18 令吉。

顾客：　好贵啊。而且现在明明是榴莲季。

小贩：　哪里贵了,大姐? 这是最好的榴莲,最新鲜的。现在是榴莲季,价格很便宜。如果不是这个季节,猫山王榴莲一公斤 25 令吉,大姐。

顾客：　有没有便宜点儿的?

小贩：　如果想买便宜的,这个稍微便宜些。这个是红虾榴莲,一公斤 15 令吉。

顾客： 还是太贵了。还有更便宜的吗？有没有不按重量卖的？
小贩： 有，那篮子里的是最便宜的。那个也很便宜，是按个数卖的。那是甘榜榴莲，也很美味。
顾客： 按个数怎么卖呢？
小贩： 5 个 20 令吉，大姐。
顾客： 啊，这才便宜嘛，我要买这个。不管好不好吃，之后再说。要保证价格实惠。
小贩： 哈哈。

情景二　选购肉和蔬菜

小贩1： 女士想买什么肉呢？
顾客： 有没有牛肋骨？
小贩1： 有，这里。
顾客： 这是本地新鲜的肉吗？
小贩1： 是的，女士，这是新鲜的肉。在夜市怎么会卖冷藏肉，女士。
顾客： 这个多少钱？
小贩1： 35 令吉一公斤，女士。
顾客： 我要三公斤，总共多少钱？
小贩1： 总共 105 令吉，女士。
顾客： 能便宜些吗？
小贩1： 可以，那就 100 令吉吧。
顾客： 天哪，才少 5 令吉。给你 90 令吉吧？
小贩1： 这怎么行呢，女士，我们才赚一点点。可以卖你 97 令吉。
顾客： 好的，谢谢。

小贩 2： 蔬菜，蔬菜！来自农场的新鲜蔬菜！快来，快来！蔬菜，蔬菜！便宜的蔬菜！

顾客： 这个芥蓝和这个菜豆我各要 5 令吉的。

小贩 2： 好的，女士，还需要其他的菜吗？

顾客： 足够了。喏，给你钱。

小贩 2： 好的，女士，谢谢你。

情景三　在夜市吃饭

大叔： 一包番茄炒饭多少钱？

小贩 1：这个一包 5 令吉。

大叔： 北方叻沙也是吗？

小贩 1：一样的价格，大叔，也是 5 令吉一包。

大叔： 哦，没有便宜的吗？我不想吃太多，一点儿就够了，因为我没有牙齿。

小贩 1：哈哈，大叔，哪儿有便宜的半包炒饭。这里所有的炒饭价格都一样，都是 5 令吉一包。

小贩 2：哎，大叔真可怜。（店员 2 对店员 1 说）你去装半包番茄炒饭，就在那个锅里，装进一个塑料袋里，卖给大叔 2.5 令吉。这有什么难的，你这个人！

小贩 1：抱歉，老板。好的，老板。大叔，这是半包番茄炒饭。

大叔： 多少钱呢？

小贩 1：2.5 令吉，大叔。

大叔： 哦，才 2.5 令吉。等一下儿，喏，给你钱，3 令吉。西瓜汁多少钱？

小贩 1：大叔想要杯装还是想要打包装袋？

大叔： 杯装。

小贩 1：杯装的是 3 令吉，袋装的是 2.5 令吉。

大叔： 不要紧，装袋也行。

小贩 1：好的。

扫码收看视频

Pelajaran 27 Penggunaan telefon pintar
第二十七课 使用智能手机

I. Perbualan
一、情景对话

Perbualan 1 Perbualan tentang jenama telefon pintar
情景一 谈论智能手机品牌

Hany: HP saya rosaklah. Skrin tak menyala. Tak boleh baca langsung. Bosanlah.

Alli: Skrin tak nyala! Mai saya tengok. Ini jenama OPPO kan?

Hany: Em.

Alli: Mahal kalau baiki ni. Tukar alat ganti pun mahal. HP ni masih ada waranti tak?

Hany: Tak pasti pula, tapi saya pakai 3 tahun dah.

Alli: Baik beli yang baru je. Harga mahallah sikit, tapi puas hati sebab baru.

Hany: Saya pun fikir sama. HP jenama apa yang bagus ya?

Alli: Belilah iPhone macam saya ni.

Hany: Mana, saya tengok dulu. E'eh, comelnya HP awak. Ini iPhone X yang terbaru tu kan?

Alli: Ya, ni iPhone X.

Hany: Mahal harganya ni. Mana saya mampu beli HP macam ni.

Alli: Mahal tu mahal lah. Tapi inilah jenama HP yang terbaik di pasaran sekarang. Perkhidmatan selepas jualan juga bagus. Tahap keselamatan dijamin tinggi.

Hany: Oh yakah?

Alli: Ya, biarlah kita "kalah membeli, menang memakai". Jangan "menang membeli, kalah memakai".

Hany: Betul kata awak tu.

Perbualan 2　Mengguna telefon pintar
情景二　使用智能手机

Pak Cik Pung: Saya tak retilah pakai telefon pintar ni. Terlalu canggih. Canggung kita dibuatnya.

Nak Cik Lee: Ya, betul tu. Kalau bab gajet-gajet canggih ni, saya memang bebal betul tau. Haha.

Pak Cik Pung: Kenapa awak ketawa pula?

Nak Cik Lee: Tak adalah, saya cuma terkenangkan kita ni senasib gamaknye. Kita lahir zaman analog dan manual. Sekarang zaman digital.

Pak Cik Pung: Betul tu, anak saya kata, kita lahir zaman hitam putih. Mereka lahir zaman ada warna-warni, haha.

Nak Cik Lee: Padahal telefon pintar ni banyak gunanya tau. Kalau nak beli tiket kapal terbang, tempah hotel, beli barang dari pasar raya, pindahkan wang dalam bank, dan macam-macam lagilah, guna je *apps* dalam telefon ni. Semuanya ada dan mudah. Tak perlulah bergerak ke sana ke sini, duduk je kat sini, petik je jari atas telefon tu.

Pak Cik Pung: Ya, ingat tak masa belajar kat luar negara dulu. Punyalah susah mak bapa nak kirim duit belanja dan surat bertanya khabarkan? Berbulan-bulan baru sampai. Sekarang ni, anak kat China, keluarga kat Malaysia, jam tu juga boleh bersembang. Nampak muka pula tu.

Nak Cik Lee: Ya, ya, haha.

Perbualan 3   Membayar dengan telefon pintar
情景三   使用智能手机支付

Alli: Saya nak beli alat letrik ni.

Hany: Alat apa ni?

Alli: Alat pertukangan kayu dan logam. Kat China ni, harganya murah dari Malaysia.

Hany: Memang di sini harganya murah. Berapa harga alat-alat tu?

Alli: 600 yuan je. Tapi wang tunai saya tak cukup. Saya harus ke mesin ATM kat luar tu dan keluarkan wang. Awak tunggu sini dulu ya.

Hany: Eh tak payahlah. Kalau nak bayar, guna saja HP awak tu. Pilih salah satu apps awak nak, wechat pay ataupun alipay. Mudah dan cepat. Di China ni, mana ada orang pakai secara tunai lagi.

Alli: HP saya ni mana ada applikasi tu semua.

Hany: Adalah, kan semalam saya bantu muatkan turun dua-dua apps tu.

Alli: Oh ya ada, tapi saya lupa bagaimana caranya.

Hany: Bawa sini telefon awak, saya tunjukkan lagi caranya ya. Tapi dengan syarat wang awak mesti mencukupi tau dalam bank tu.

Alli: Ok, terima kasih.

Hany: Sini.

II. Peluasan Kosa Kata
二、词汇拓展

（一）手机参数

(1) skrin	屏幕	(2) kamera	相机
(3) kamera hadapan	前置摄像头	(4) kamera belakang	后置摄像头
(5) lensa sudut ultra lebar	超广角摄像头	(6) lensa	镜片
(7) mikrocip	芯片	(8) RAM	内存
(9) storan	储存	(10) kad mikroSD	外置储存卡
(11) bateri	电池	(12) port mikro USB	USB 式充电口
(13) pengecas	充电器	(14) enjin	引擎
(15) pengimbas	扫描器		

（二）移动支付

(1) pembayaran digital	移动支付
(2) peranti mudah alih	移动设备
(3) platform pembayaran digital	移动支付平台
(4) masyarakat tanpa tunai	无现金社会

(5) pembayaran elektronik 电子支付

(6) pembayaran nirtunai 非现金支付

(7) dompet elektronik 电子钱包

(8) perbankan internet 网上银行

(9) pindahan dana elekronik 电子基金迁移

(10) sistem tunai elektronik 电子支付系统

(11) sistem simpanan nilai dalam talian 线上存款系统

III. Latihan
三、练习

你的马来西亚朋友 Latif 是一位对手机一窍不通的人。由于工作需要，他正准备购买一台新手机。请用马来语模拟一段对话，向 Latif 推荐一款手机并介绍一些应用程序的功能。

IV. Terjemahan Perbualan
四、参考译文

情景一 谈论智能手机品牌

哈妮：我的手机坏了，屏幕不亮了。看不了手机，好无聊。

阿里：屏幕不亮了！给我看看，这是 OPPO 手机吗？

哈妮：嗯。

阿里：如果要修的话很贵。换零件也很贵。你这手机有保修吗？

哈妮：不太确定，我已经用了3年了。
阿里：那买一个新的吧。虽然价格贵，但是新手机能让你用得更舒服。
哈妮：我也这么想。哪个品牌的手机好呢？
阿里：像我一样买个苹果手机吧。
哈妮：在哪儿，让我看看。哎，你的手机真可爱，这是最新款的苹果X手机吗？
阿里：是的，这是苹果X。
哈妮：这个好贵，我哪儿买得起那么贵的手机。
阿里：贵就贵啦，但这是市面上最好的手机，售后服务也很好，安全等级很高。
哈妮：哦，这样吗？
阿里：是的，我们最好"买时痛心，用时开心"，别"买时开心，用时痛心"。
哈妮：你说得对。

情景二 使用智能手机

方叔叔：我不会用这个智能手机，太先进了，我们用起来很吃力。
李阿姨：是的，没错。这些小部件太高级了，我不太会用。
方叔叔：你笑什么？
李阿姨：没什么，我想起咱们是同病相怜的。咱们出生在相同的手工业时代，现在已经是数字化时代了。
方叔叔：你说得对，我的孩子说，咱们出生在黑白时代，他们出生在彩色时代，哈哈。
李阿姨：实际上智能手机有很多用处。如果要买机票、订酒店、在商场买东西、银行卡转账等，只需要用手机里的软件，一切都很简单。不需要跑来跑去，只要坐在这里，在手机上动一动手指。
方叔叔：是啊，还记得以前在国外学习的时候，爸妈寄钱和寄信有多难吗？几个月后才能收到。现在，孩子在中国，家在马来西亚，还能在同一时间聊天儿，看到对方。

李阿姨：是啊，是啊，哈哈。

情景三　使用智能手机支付

阿里：我想买这个电器。

哈妮：这是什么工具？

阿里：木头和金属工具。在中国，这个卖得比马来西亚便宜。

哈妮：这里的价格确实很便宜，那些工具多少钱？

阿里：600元而已。但是我的现金不够，我需要先去外面的自助取款机取钱，你先在这里等我。

哈妮：哎，不需要啦。如果你要买，可以先用我的手机付款。选一个你想使用的软件，微信或者支付宝，简单又便捷。在中国，哪儿还有人用现金付款。

阿里：我的手机哪里有这些软件？

哈妮：有的，昨天晚上我帮你下载了这两个软件。

阿里：哦，有的，但是我忘记怎么使用了。

哈妮：拿出你的手机，我教你用，但是前提是你银行卡里的钱要足够。

阿里：好的，谢谢。

哈妮：来吧。

扫码收看视频

Pelajaran 28　Penggunaan Internet
第二十八课　使用互联网

I. Perbualan
一、情景对话

Perbualan 1　Membeli-belah secara dalam talian
情景一　在线购物

Alli:　Awak boleh tolong saya tak?

Hany:　Boleh, nak saya tolong apa?

Alli:　Saya nak beli barang dari "taobao" tapi HP saya ni takde applikasi tu.

Hany:　Oh macam tu. Baiklah tapi dengan syarat wang awak dalam bank mesti cukup tau. Barang awak nak beli tu harganya tak mahal kan?

Alli:　Ya, tak mahal. Dalam puluhan yuan saja. Tak sampai pun 100 yuan.

Hany:　Oklah, apa barang tu?

Alli:　Pencukur jambang lektrik.

Hany:　Ada jenama tak pencukur tu?

Alli: Ada. Jenama Phillips atau Flyco. Pilihlah antara satu.

Hany: Kalau alat lektrik kan, lebih baik beli dalam "jd.com". Ia lebih selamat dan terjamin. Kalau saya kan, saya selalu beli kat "jd.com" je kalau alat letrik.

Alli: Oh begitu. Takpelah, terserah pada awak nak pakai mana-mana pun.

Hany: Baik.

Perbualan 2 Belajar secara dalam talian
情景二 在线学习

Alli: Hany buat apa ni?

Hany: Saya tengah belajar melalui internet.

Alli: Yakah? Dalam talian juga boleh belajar?

Hany: Boleh, awak tengok ni. Saya buka laman web utama China University MOOC, di sini saya boleh ambil kursus yang saya suka.

Alli: Apa MOOC ini?

Hany: MOOC ni maksudnya *Massive Open Online Courses*. Banyak universiti terkenal di China memasukkan kuliah terunggulnya ke dalam sistem MOOC ini. Jadi, pelajar dari seluruh China bolehlah pilih dan belajar secara dalam talian.

Alli: Oh, baguslah. Kalau saya pilih kuliah di Peking University boleh kan?

Hany: Boleh juga. Apa saja kuliah di mana-mana universiti pun boleh pilih. Selepas belajar, awak juga boleh berkongsi pandangan tentang topik tertentu dalam grupnya. Pada akhirnya nanti kena ambil peperiksaan secara dalam talian.

Nanti awak akan dapat sijil kuliah, yang boleh dipindah kredit jam di universiti kita ni.

Alli: Ya? Wow, sangat baguslah MOOC ini. Memudahkan pelajar untuk belajar lebih banyak. Nanti saya akan cuba ya.

Hany: Ok, ok, bagus ni.

Perbualan 3　Bekerja secara dalam talian
情景三　在线办公

Bos: Hasnah, selamat datang ke syarikat kita. Besok awak mula kerja ya.

Hasnah: Baik, encik. Apa yang harus diberikan keutamaan dalam kerja saya ni?

Bos: Hari ini, awak kena daftarkan satu akaun syarikat kita. Nanti bila kita hantar atau membalas dokumen, kena guna akaun sendiri.

Hasnah: Baiklah. Selain daripada akaun itu, QQ atau WeChat boleh tak?

Bos: Boleh juga. Di syarikat kita ni, biasanya kita guna QQ untuk memaklumkan dan membalas dokumen. Kita juga berinteraksi melalui WeChat kalau ada masa lapanglah.

Hasnah: Oh begitu. Saya pun ada akaun QQ dan WeChat.

Bos: Ok, nanti saya masukkan awak sebagi kawan QQ dan WeChat ya. Saya *scan* awak, dan saya juga akan masukkan awak dalam grup QQ syarikat kita.

Hasnah: Eh, encik ada akaun Facebook tak?

Bos: Ya, ada. Saya sering pakai di luar negara macam Malaysia. Kawan saya kat sana tu banyak guna Facebook tau.

Hasnah: Oh begitu. Jadi jumpa besok ya encik.

Bos: Baik Hasnah. Jumpa lagi esok.

II. Peluasan Kosa Kata
二、词汇拓展

（一）网购相关词汇

(1) mesej	消息	(2) baucar	券
(3) kategori	类目	(4) nilai positif penjual	店家好评率
(5) jenama	品牌，商标	(6) tempoh jaminan	保质期
(7) isi kotak	填写	(8) pos laju	快递
(9) kos penghantaran	运费	(10) tebus	领奖
(11) koleksi	收藏	(12) keterangan	说明
(13) bunga wang	利息	(14) kod pengesahan	验证码
(15) terma	条款	(16) dasar privasi	隐私政策
(17) kredit stor	店铺信誉	(18) diskaun	折扣
(19) baki	余额	(20) buat pesanan	下单
(21) 15 hari pulangan	十五天退换		

（二）社交媒体用语

(1) terkini	热门	(2) siaran langsung	直播
(3) foto	照片	(4) tambah rakan	添加好友

(5) mengalih keluar rakan　　移除好友　(6) permintaan menambah rakan　好友请求
(7) suka　　　　　　　　　　　点赞　　(8) komen　　　　　　　　　　 评论
(9) kongsi　　　　　　　　　　 转发　　(10) batal　　　　　　　　　　 取消
(11) log keluar　　　　　　　　 退出　　(12) log masuk　　　　　　　　 登录
(13) kata laluan　　　　　　　　密码

III. Latihan
三、练习

在新学期开学典礼上，你认识了一位马来西亚留学生。你们在介绍完个人信息后，互相交换了微信和 QQ。你向他介绍了手机淘宝软件，跟他分享了你最近的购物体验，他十分高兴，让你教他更多使用淘宝的技巧。请用马来语模拟这段对话。

IV. Terjemahan Perbualan
四、参考译文

情景一　在线购物

阿里：你能帮帮我吗？

哈妮：可以，帮你什么？

阿里：我想在淘宝买东西，但是我手机里没有这个软件。

哈妮：这样啊。没问题，但是要确保你银行卡有足够的钱。你要买的东西贵不贵？

阿里：好，不贵的，几十元而已，不到 100 元。

哈妮：好的，买什么东西？

阿里：电动剃须刀。

哈妮：有没有牌子？

阿里：有。飞利浦或者飞科。这两个中选一个。

哈妮：如果买电子产品，在京东商城买会更好些，更加有安全保障。电子产品我常常在京东商城买。

阿里：原来如此。没问题，你来决定在哪儿买。

哈妮：好的。

情景二　在线学习

阿里：哈妮你在干嘛？

哈妮：我在使用互联网学习。

阿里：是吗？在网上也能学习吗？

哈妮：可以，你来看。我打开中国大学慕课的主页，在这里可以选择我喜欢的课程。

阿里：什么是慕课？

哈妮：慕课的意思是大型开放式在线课程。中国许多有名的大学都在慕课系统中加入了他们的优质课程。这样，来自全国各地的学生都可以在网页上自由选择课程来学习。

阿里：哦，真棒。如果我想选北京大学的课程，可以吗？

哈妮：也可以，任何一所大学的课程都可以选择。学完后，你也可以在讨论组里就某个主题发表你的观点。最后你可以在网上参加考试。你会得到一个证书，可以转换成我们学校的学分。

阿里：是吗？哇，慕课真的太棒了，方便学生学到更多知识。之后我要试一试。

哈妮：好，很棒。

情景三　在线办公

老板：　　哈斯娜，欢迎来到我们公司，明天你就可以开始工作了。

哈斯娜：　好的，先生。有什么事项是我需要注意的？

老板：　　今天，你必须注册一个我们公司的账号，以后发送或者回复文件，必须要使用自己的账号。

哈斯娜：　好的。除了这个账号，QQ或者微信可以吗？

老板：　　也可以。在我们公司，通常也用QQ发通知和文件，在空闲时间也用微信进行互动。

哈斯娜：　原来如此，我也有微信和QQ账号。

老板：　　好的，稍后我加你为QQ和微信好友，我扫你，把你拉进我们公司的QQ群。

哈斯娜：　哎，先生您有脸书账号吗？

老板：　　有，我经常在国外使用，比如马来西亚。我在那边的朋友多用脸书。

哈斯娜：　原来是这样。那先生我们明天见。

老板：　　好的，哈斯娜。明天见。

Pelajaran 29   Bank
第二十九课   银行

I. Perbualan
一、情景对话

Perbualan 1   Bertanya tentang perkhidmatan bank
情景一   询问银行业务

Hany: Selamat pagi tuan. Saya hendak bertanya, di bank ini bolehkah ditunaikan cek kembara dalam US dollar?

Staf Bank: Selamat pagi. Ya, boleh. Berapa jumlah saudari hendak tukarkan?

Hany: 500 USD. Nah, ini cek kembara saya tuan.

Staf Bank: Sila tunjukkan pasport saudari dan apa-apa dokumen pengenalan diri yang rasmi.

Hany: Ini pasport saya.

Staf Bank: Adakah saudari mahukan wang dalam sebarang denominasi.

Hany: Ya, sebarang denominasi pun tak apa tuan. Berapakah kadar pertukaran

	Ringgit Malaysia sekarang?
Staf Bank:	Kadar pertukaran masa ini ialah 1.00USD bersamaan dengan RM3.60. 500 USD adalah bersamaan RM1800.
Hany:	Ini kadar pertukaran terkinikah tuan?
Staf Bank:	Ya betul, ini kadar terkini. Ini wang saudari berjumlah RM1800 dalam denominasi RM100. Sila saudari kira sebelum meninggalkan kaunter ini ya.
Hany:	Baik tuan. Terima kasih ya.
Staf Bank:	Sama-sama.

Perbualan 2   Memasukkan dan mengeluarkan wang
情景二　存钱和取钱

Alli:	Ini slip keluarkan wang dari akaun bank saya.
Staf Bank:	Minta Kad Pengenalan encik, saya nak semak.
Alli:	Nah, ini Kad Pengenalan saya.
Staf Bank:	Eh, encik hanya keluarkan RM600. Kenapa tak gunakan mesin ATM kat luar tu. Lagi mudah kan?
Alli:	Ramai sangat orang beratur kat situ puan. Di kaunter ni kosong pula, tak ramai pelanggan. Pasal tu saya ke kaunter ni.
Staf Bank:	Oh macam tu. Sila encik tandatangan slip ni.
Alli:	Eh, tak de tandatangan ke? Maaf, saya terlupa tadi.
Staf Bank:	Nah, ini wang encik. Sila kira wang encik sebelum meninggalkan kaunter ya.
Alli:	Baik puan. Puan saya nak tanya, bolehkah saya memasukkan wang ke

akaun orang lain di kaunter ni? Saya dah isikan slip kemasukan wang ni.

Staf Bank: Memang boleh, tapi lebih baik encik ambil nombor giliran baru untuk urusan itu supaya dilihat elok oleh pelanggan lain.

Alli: Oh, saya faham. Terima kasih puan.

Staf Bank: Sama-sama, encik.

Perbualan 3 Penggunaan mesin ATM
情景三 使用 ATM 取款机

Alli: Awak ke mana tadi, tengok wayang ke?

Hany: Taklah, saya ke mesin ATM, keluarkan wang.

Alli: Waktu malam-malam agak lewat ni, awak boleh keluarkan wang dari ATM! Beraninya awak.

Hany: Kenapa pula?

Alli: Awak tau tak, kawasan tu kan agak sunyi. Tak selamat tau. Kena ragut ke, rompak ke, ugut ke, baru tau.

Hany: Mana ada sunyi waktu ni.

Alli: Eh, awak tak dengar berita ke? Kat ATM tulah berlaku kes ragut dan ugut dua minggu lalu. Mangsanya wanita. Mujur tak cedera serius wanita tu.

Hany: Oh ye ke. Patutlah saya rasa macam ada yang tengok je kat ATM tu. Dahlah urusan ATM tu lambat betul.

Alli: Lain kali hati-hati tau.

Hany: Ya ya, terima kasih ya sebab mengingatkan saya.

II. Peluasan Kosa Kata
二、词汇拓展

（一）马来西亚主要银行

(1) Bank Negara Malaysia　　　　　　　马来西亚国家银行，马来西亚中央银行
(2) Malayan Banking Berhad/Maybank　　马来亚银行
(3) Commerce International Merchant Bank/CIMB Bank　　联昌国际银行
(4) Rashid Hussein Bank/RHB Bank　　马来西亚兴业银行
(5) Public Bank Berhad　　　　　　　马来西亚大众银行
(6) Alliance Bank Malaysia Berhad　　马来西亚联盟银行
(7) Hong Leong Bank　　丰隆银行　　(8) AmBank　　大马银行
(9) Affin Bank　　艾芬银行　　(10) EON Bank　　马来西亚国贸银行

（二）存取钱词汇

(1) komisen　　　　　　手续费　　　　(2) kata laluan　　　　密码
(3) wang palsu　　　　　假钞　　　　　(4) buku akaun　　　　 存折
(5) wang kertas　　　　 纸币　　　　　(6) wang syiling　　　 硬币
(7) bunga bulanan　　　 月息　　　　　(8) bunga tahunan　　　年息
(9) koperasi kredit　　 信用社　　　　(10) akaun deposit　　 存款账户
(11) simpanan tetap　　 定期存款　　　(12) simpanan semasa　 活期存款
(13) bank perdagangan　 商业银行　　　(14) kaunter pertanyaan　咨询柜台
(15) mesin nombor giliran　　编号机
(16) borang simpanan wang　　存款单
(17) pengawal keselamatan　　安保人员
(18) borang pengeluaran wang　取款单
(19) mesin teler automatik　　自动取款机

(20) mesin penghitung wang kertas 点钞机

（三）经济词汇

(1) indeks	指数	(2) labur	投资
(3) dagangan	贸易	(4) saham	股票
(5) deposit	存款	(6) pasaran	市场
(7) cukai	税收	(8) perusahaan	企业
(9) tenaga buruh	劳动力	(10) persaingan	竞争
(11) pengangguran	失业	(12) kewangan	财政
(13) pengeluaran	出口	(14) jumlah	总数

III. Latihan
三、练习

Ali 是一位初到中国的马来西亚留学生，他需要到中国银行开户以便领取中国大使馆发放的奖学金。Ali 找到你，希望你陪同他去办理开户、激活、存钱等手续。请用马来语模拟一段对话。

IV. Terjemahan Perbualan
四、参考译文

情景一　询问银行业务

哈妮：　　早上好，先生。请问这家银行能把旅行支票里的美金兑换成现金吗？

银行职员: 早上好。可以的。请问您想换多少钱呢?

哈妮: 500美金。喏,这是我的旅行支票。

银行职员: 请出示您的护照和其他个人信息的证明材料。

哈妮: 这是我的护照。

银行职员: 任意面额的钱都可以吗?

哈妮: 是的,什么面额都可以。现在马来西亚令吉特的汇率是多少呢?

银行职员: 当前的汇率是1美元相当于3.6令吉,500美元相当于1800令吉。

哈妮: 这是最新的汇率吗,先生?

银行职员: 是的,这是最新的汇率。这是您的100面额的令吉特,总共1800令吉。请您在离开柜台前清点好。

哈妮: 好的,先生。谢谢。

银行职员: 不客气。

情景二 存钱和取钱

阿里: 这是我的银行取款单。

银行职员: 请出示您的身份证,先生,我需要核对一下儿。

阿里: 喏,这是我的身份证。

银行职员: 哎,先生只取600令吉,为什么不用外面的自助取款机,那不是更方便吗?

阿里: 太多人在那里排队了,女士。这里的柜台很空,没什么顾客,所以我才来这里。

银行职员: 哦,原来如此。请先生签好单据。

阿里: 哎,没有签名吗?抱歉,我刚刚忘记了。

银行职员: 喏,这是您的钱。请在离开柜台前清点好您的钱。

阿里: 好的,女士。我想请问女士,我可以在这个柜台把钱存入别人的账户吗?我已经填好存款单了。

银行职员： 当然可以，但是先生最好先去取号排队，以免被别的顾客看到。
阿里： 哦，我知道。谢谢女士。
银行职员： 不客气，先生。

情景三 使用 ATM 取款机

阿里：刚刚你去哪里了？去看电影了吗？

哈妮：没有，我去自助取款机取钱了。

阿里：现在时间很晚了，你还去自助取款机取钱！你胆子真大。

哈妮：为什么这么说？

阿里：你不知道吗？那个地方非常冷清，不安全，到时候活该被抢劫、威胁。

哈妮：那里不是冷清的地方啊。

阿里：哎，你没听新闻吗？两周前在那个自助取款机发生过抢劫事件，受害者是女性。幸运的是她没有受重伤。

哈妮：哦，是吗？怪不得我总感觉刚才有人往自助取款机这边看来看去，取钱的时间确实太晚了。

阿里：下次小心些。

哈妮：好，谢谢你提醒我。

Pelajaran 30　　Perjalanan ke luar negara
第三十课　　出国旅行

I. Perbualan
一、情景对话

Perbualan 1　　Menguruskan visa
情景一　　办理签证业务

Ramli: (Mengeluh.) Panas, panas. Penatnya, dahlah hari panas.

Azizah: Hai Ramli, dari mana?

Ramli: Baru balik dari pejabat memohon visa.

Azizah: Memohon visa. Awak nak ke luar negara ke? Ke mana?

Ramli: Ya, saya nak ke China, buat visa China.

Azizah: Oh ke China. Awak buat apa ke China tu?

Ramli: Saja pergi melawat.

Azizah: China mana?

Ramli: Ala, Guangzhou je. Awak nak ikut tak? Jomlah ikut, temankan saya. Kalau awak ada sama, lagilah seronok tau.

Pelajaran 30　Perjalanan ke luar negara　第三十课　出国旅行

Azizah: Nak jugalah pergi. Bayar visa China tu mahal tak?

Ramli: Taklah mahal. Dalam RM90 je. Tiga hari siaplah visa tu. Tapi kena ada tarikh tetap penerbangan ke China dan dibuktikan dengan pembelian tiket kapal terbang tau.

Azizah: Oh begitu. Berapa lama China bagi tempoh tinggal dalam visa tu?

Ramli: Biasanya tempoh tinggal dalam sebulan begitu. Visa China ni banyak kategorinya tau. Tetapi kategori "L" yang biasa diberikan untuk tujuan melancong atau melawat.

Azizah: Oh.

Perbualan 2　Penghantaran bagasi
情景二　托运行李

Pegawai: Selamat petang puan. Mana tiket dan pasport puan?

Penumpang: Ini dia cik.

Pegawai: Puan seorang saja?

Penumpang: Ya.

Pegawai: Puan ada bagasi?

Penumpang: Ada, saya dah beli 40 kilogram.

Pegawai: Sekejap puan, saya semak dulu. Ya betul, 40 kilo. Sila letakkan di sini bagasi puan ya. Letak satu-satu puan.

Penumpang: Satu je. Baiklah.

Pegawai: Barang apa dalam bagasi ni puan?

Penumpang: Barang-barang peribadi saya saja.

Pegawai: Barang peribadi? Contoh barang apa puan?

Penumpang: Alat kosmetik, kasut, beg tangan, *tumbler*, makanan kering dalam tin dan plastik, macam tulah.

Pegawai Ada bagasi yang *fragile* tak, yang mudah pecah seperti bahan kaca puan?

Penumpang: Tak ada encik.

Pegawai: Ada alat-alat yang dilarang masuk bagasi seperti gambar-gambar dalam notis ini. Terutamanya alat yang ada mangandungi bateri "lithium"?

Penumpang: Tak ada encik.

Pegawai: Ok. Berat timbang bagasi puan ini genap, 39.8 kilogram. Kurang sedikit saja. Ini tiket dan pasport puan. Selamat jalan puan.

Penumpang: Ok, terima kasih ya.

Pegawai: Sama-sama.

Perbualan 3   Masuk Malaysia
情景三　入境马来西亚

Pegawai: Selamat petang.

Huang Kerong: Selamat petang encik.

Pegawai: Eh, awak pandai bahasa Melayu? Dari mana awak tahu bahasa Melayu?

Huang Kerong: Saya belajar pengajian Melayu di universiti saya di China.

Pegawai: Oh, begitu. Patutlah pandai bahasa Melayu. Sangat bagus.

Huang Kerong: Terima kasih.

Pegawai: Nama awak Huang Kerong kan? Awak dari China?

Huang Kerong:	Ya, saya dari China. Itu nama saya encik.	
Pegawai:	Cik dari wilayah mana di China?	
Huang Kerong:	Saya dari wilayah Guangxi, selatan China.	
Pegawai:	Apa tujuan cik datang ke Malaysia?	
Huang Kerong:	Saya hendak menyambung pengajian saya di universiti di Malaysia ini.	
Pegawai:	Belajar di universiti mana dan berapa tahun?	
Huang Kerong:	Di Universiti Malaya, selama satu tahun encik.	
Pegawai:	Oh di UM tu. Ok, selamat datang ke Malaysia cik. Semoga pengajian cik sukses di UM ya.	
Huang Kerong:	Ya, terima kasih ya.	

II. Peluasan Kosa Kata
二、词汇拓展

出入境词汇

(1) pejabat imigresen	移民局	(2) berhijrah	移民
(3) pegawai imigresen	移民局官员	(4) pemeriksaan keselamatan	安检
(5) pembatasan imigresen	移民限入	(6) undang-undang	法律
(7) Akta Imigresen	移民法	(8) polisi imigresen	移民政策
(9) pasport	护照	(10) visa	签证

III. Latihan
三、练习

你是一名刚落地马来西亚吉隆坡国际机场的中国游客,请用马来语模拟你入境时与移民局官员和海关工作人员的对话。

IV. Terjemahan Perbualan
四、参考译文

情景一　办理签证业务

拉姆利：(叹气)好热,好热。好累,真是炎热的一天。

阿兹莎：嗨,拉姆利,你从哪里回来?

拉姆利：我刚从签证中心回来。

阿兹莎：申请签证,你要去国外吗?去哪里呢?

拉姆利：是的,我要去中国,我去办中国的签证。

阿兹莎：哦,去中国啊。你要去中国做什么呢?

拉姆利：只是去旅游。

阿兹莎：去中国的哪个地方?

拉姆利：哎呀,去广州。你要一起去吗?陪我一起去吧。如果一起去,会很好玩儿的。

阿兹莎：我也有点儿想去,申请中国的签证贵不贵?

拉姆利：不贵。不超过90令吉,三天就能办好,但是必须提供确切的飞往中国的航班日期以及行程单作为证明。

阿兹莎：原来如此。持有这个签证能在中国停留多久?

拉姆利：通常情况下能够停留一个月。中国的签证有很多类型，通常 L 类型的签证用于参观和旅行。

阿兹莎：哦。

情景二　托运行李

职员：下午好女士，请出示您的机票和护照。

乘客：在这里。

职员：只有您一个人吗？

乘客：是的。

职员：您有行李吗？

乘客：有，我购买了 40 公斤托运。

职员：您请稍等，我先确认一下儿。是的，是 40 公斤。请把行李放在这里，一个一个按顺序放。

乘客：只有一个。放好了。

职员：这个行李里面有什么，女士？

乘客：我的个人用品。

职员：个人用品？例如有哪些？

乘客：化妆品、鞋子、手提包、袋装和罐装的脱水食品，类似这些东西。

职员：有易碎物品吗，像玻璃这样的易碎物品？

乘客：没有，先生。

职员：行李里面有没有警示牌上写的违禁物品，特别是含有锂电池的物品？

乘客：没有，先生。

职员：好的。行李重量刚刚好，38.9 公斤，差一点儿没超重。这是机票和护照，祝您一路平安，女士。

乘客：好的，谢谢。

职员：不客气。

情景三　入境马来西亚

工作人员：下午好。

黄克蓉：　下午好，先生。

工作人员：哎，你会说马来语？你在哪里学的马来语？

黄克蓉：　我在中国的大学学的马来语。

工作人员：哦，这样啊。怪不得马来语说得这么好，实在太棒了。

黄克蓉：　谢谢。

工作人员：你的名字是黄克蓉吗？你来自中国？

黄克蓉：　是的，我来自中国。那是我的名字，先生。

工作人员：女士，你来自中国的哪个地方？

黄克蓉：　我来自广西，在中国南方。

工作人员：你为什么来马来西亚呢？

黄克蓉：　我想在马来西亚的大学继续学习马来语。

工作人员：在哪个大学学习？学几年？

黄克蓉：　在马来亚大学，学一年，先生。

工作人员：哦，在马来亚大学啊。好的，欢迎你来到马来西亚，祝你在马来亚大学学业成功。

黄克蓉：　好的，谢谢。

Pelajaran 31　Memohon jawatan kosong
第三十一课　求职

I. Perbualan
一、情景对话

Perbualan 1　Mencari peluang pekerjaan
情景一　寻找求职机会

Salleh:　Buat apa tu?

Hayati:　Melayan surat khabar ni, iklan jawatan kosong.

Salleh:　Oh, tengah cari kerjalah ni?

Hayati:　Ya lah, kan saya menganggur sekarang, kenalah cari kerja. Awak tak pe, dah ada kerja. Kerja bagus pula tu.

Salleh:　Janganlah marah kawan. Saya tanya je.

Hayati:　Bukan marah. Saya kecewa dan bosan.

Salleh:　Apasal kecewa bosan bagai ni? Kongsilah dengan saya.

Hayati:　Ya lah, dari tadi belek-belek iklan kosong ni, tak ada satu pun kerja kosong yang ngam dengan kelayakan dan pengalaman kerja saya, pasal tulah saya bosan.

Salleh: Oh, hal itu.

Hayati: Awak tau tak, saya dah berbulan menganggur ni, wang simpanan semakin susut. Pas tu, bilik rumah ni dah berapa bulan saya tak bayar sewa kat awak. Awak tentu faham kan?

Salleh: Ya, saya faham, tapi tak mengapalah. Awak tak usah risau pasal sewa rumah ni. Awak dah cari dalam internet? Lagilah melambak iklan jawatan kosong dalam internet.

Hayati: Belum lagi. Nak cari dalam internetlah nanti malam.

Salleh: Ok.

Perbualan 2 Menyediakan CV atau butiran diri
情景二 准备个人简历和自述

Alli: Aduh, susahnya nak buat CV ni.

Hany: Mana ada susah, Tak susahlah. Tapi taklah semudah yang kita fikir.

Alli: Awak ada CV contoh tak? Kalau ada saya nak tengok, boleh?

Hany: Boleh. Tapi butiran penting CV saya tak sama dengan CV awak sebab bidang akademik saya dan bidang akademik kerja awak tak sama tau.

Alli: Oh ya kah. Macam mana tu, saya tak faham.

Hany: Begini. Dalam sebuah CV tu, hendaklah dibahagikan kategori atau bahagian penting itu kepada bebarapa bahagian mengikut urutan kepentingan. Biasanya dalam sebuah CV sekurang-kurangnya ada tiga bahagian.

Alli: Menarik ni. Apa bahagian tu?

Hany: Bahagian pertama tu maklumat atau butiran peribadi diri. Bahagian kedua tu ialah maklumat tentang kelayakan akademik. Bahagian ketiga tu ialah maklumat tentang pengalaman kerja dan skop kerja serta satu atau dua nama individu sebagai rujukan.

Alli: Oh begitu. Terima kasih atas penerangan awak tu.

Hany: Ya, sama-sama.

Perbualan 3   Temuduga pekerjaan
情景三　求职面试

Farhany: Selamat pagi tuan.

Penemuduga: Selamat pagi. Sila duduk.

Farhany: Terima kasih tuan.

Penemuduga: Sila letakkan sijil dan dokumen asal yang berkaitan di atas meja ini ya.

Farhany: Baik, ini semua dokumen asal tuan.

Penemuduga: Baik, sebagai permulaan sila perkenalkan diri anda.

Farhany: Terima kasih tuan. Nama saya Farhany binti Abu Bakar. Saya berasal dari Kuching, Sarawak. Saya mempunyai kelulusan ijazah sarjana muda dalam bidang Kejuruteraan Kimia dari Oxford University, London. Saya baru *graduate* pada bulan Oktober tahun lalu. Ketika belajar di tahun tiga, saya telah membuat latihan industri di sebuah kilang petrokimia di Manchester, England selama 4 bulan. Sekarang ini saya sedang buat kerja *freelance* membuat *website*. Saya belum

	ada pengalaman bekerja di mana-mana syarikat. Saya ke sini kerana memohon jawatan Jurutera Kimia.
Penemuduga:	Ok. Semasa anda membuat latihan industri selama 4 bulan di England itu, di bahagian mana atau unit mana anda bertugas, dan cuba ceritakan serba ringkas apa skop kerja anda?
Farhany:	Oh, saya bertugas di Bahagian *Quality Control & Inspection.*
Penemuduga:	Oh begitu. Baik.

II. Peluasan Kosa Kata
二、词汇拓展

(一) 个人简历词汇

(1) jawatan kosong	岗位	(2) borang	表格
(3) salinan	复印件	(4) pemohon	申请人
(5) tarikh lahir	出生日期	(6) tandatangan	签名
(7) syarat	条件	(8) kontrak	合同
(9) jantina	性别	(10) kewarganegaraan	国籍
(11) sijil kesihatan	健康证明	(12) negeri tempat lahir	出生所在州属

(二) 求职面试词汇

(1) temubual	面试
(2) memperkenalkan diri	自我介绍
(3) latar belakang pendidikan	教育背景
(4) pengalaman pekerjaan	工作经历

(5) kebolehan	优势	(6) kelemahan	劣势
(7) gaji	薪资	(8) kerjasama	合作
(9) kerja lebih masa	加班	(10) subsidi kebajikan	福利费

III. Latihan
三、练习

你正在参加一家公司的面试，在面试过程中，面试官向你提出了以下问题，要求你作答。

1. 请简要介绍一下儿自己。
2. 为什么决定到我们公司应聘此岗位？
3. 你打算如何把自己以前学习、工作的经验应用到目前这份工作中？
4. 你对在本岗位工作的未来发展有什么样的规划？

请用马来语模拟一段面试求职过程的对话。

IV. Terjemahan Perbualan
四、参考译文

情景一　寻找求职机会

沙勒：　　你在做什么？
哈雅蒂：　我在翻报纸，看招聘广告。
沙勒：　　哦，原来是在找工作。
哈雅蒂：　当然啦。我现在正失业，必须要找到工作。你没关系，已经有工作了，还是份好工作。

沙勒： 不要生气嘛，我只是问问。

哈雅蒂： 不是生气，我只是沮丧又无聊。

沙勒： 你为什么沮丧？和我分享一下儿吧。

哈雅蒂： 好吧，刚刚我一直在看这些广告，没有一个工作是和我的工作经验和能力相符的，这就是我沮丧的原因。

沙勒： 哦，是这样啊。

哈雅蒂： 你知道吗，我已经失业几个月了，存款越来越少。而且这间房子我已经几个月没有支付房租了，你一定能理解我的，对吧？

沙勒： 是的，我理解，但是没关系啦，你不要担心房租的问题。你在网上找过工作吗？看一下儿互联网上的招聘广告吧。

哈雅蒂： 还没有。今晚我打算在网上找找。

沙勒： 好的。

情景二　准备个人简历和自述

阿里： 哎哟，做个人简历好难啊。

哈妮： 哪里难了，不难啊。但是也没有我们想象中那么简单。

阿里： 你有个人简历的范例吗？如果有的话我想看一看，可以吗？

哈妮： 可以。但是我的个人简历内容和你的不一样，因为我们研究的学术领域不一样。

阿里： 哦，是的。个人简历到底是什么样的？我不太清楚。

哈妮： 是这样的。在一份个人简历中，应该按照重要性和类别分成几个部分。通常一份个人简历中至少包括三个部分。

阿里： 有意思。那些部分是什么？

哈妮： 第一部分是个人信息或介绍。第二部分是你的学术能力。第三部分是你的工作经历，以及你想从事的工作领域，可以列举一两个职位作为参考。

阿里：哦，原来如此，谢谢你的解释。

哈妮：不客气。

情景三　求职面试

法哈妮：早上好，先生。

面试官：早上好。请坐。

法哈妮：谢谢，先生。

面试官：请把有关证书和文件的原件放在这个桌子上。

法哈妮：好的，先生，这些是我全部的文件原件。

面试官：好的，请你首先进行一下儿自我介绍。

法哈妮：谢谢，先生。我的名字是法哈妮·宾蒂·阿布·巴卡尔，我来自砂拉越古晋。我去年10月从伦敦牛津大学化学工程专业毕业并获得学士学位。在第三年学习中，我在英国曼彻斯特的一家岩石化工厂接受了4个月的工业培训。目前我是自由职业者，正在做网页开发。我还没有任何公司的工作经验，我来这里是为了应聘化学工程师。

面试官：好的。你在英国为期4个月的工业培训期间，在哪个部门或者是单位工作？可以简要介绍一下儿你的工作内容吗？

法哈妮：哦，我是在质量监控和检测部门工作。

面试官：这样啊，好的。

Pelajaran 32   Hari Perayaan
第三十二课   节日庆典

I. Perbualan
一、情景对话

Perbualan 1   Perayaan Hari Raya Aidilfitri di Malaysia
情景一   在马来西亚庆祝开斋节

Alli: Selamat Hari Raya Aidilfitri maaf zahir dan batin Hany.

Hany: Saya juga ucapkan Selamat Hari Raya Aidilfitri kepada awak, jika saya ada salah silap yang lalu tu, mohon kemaafan ya.

Alli: Saya juga begitu.

Hany: Eh, sila masuk, duduk sini.

Alli: Terima kasih, dah duduk pun.

Hany: Awak seorang saja ke? Mana kawan kita yang lain?

Alli: Ada. Mereka dalam perjalanan ke sini. Saya dah telefon mereka tadi, sekejap lagi sampailah tu.

Hany:	Apa tengok-tengok tu Alli, jom jemputlah makan. Tak usah malu-malu, ini kan Hari Raya.
Alli:	Ya, ya, amboi. Sedap-sedap nampaknya. Awak buatkah kuih-kuih ni semua?
Hany:	Tak jugalah, ada yang saya buat, ada yang saya beli.
Alli:	Oh gitu.
Hany:	Eh, makanlah ketupat, rendang, kari, sate dan lemang ni. Hari Raya pertama, inilah makanan wajib bagi orang Melayu kita.
Alli:	Oh, ya kah. Makanan ketupat rendang ni, awakkah yang buat?
Hany:	Tak tak, ini mak saya yang buat.
Alli:	Oh.

Perbualan 2 Menyambut Tahun Baharu Cina di Malaysia
情景二　在马来西亚庆祝华人新年

Fauzi:	Selamat Tahun Baharu Alice.
Alice:	Selamat Tahun Baharu. Terima kasih. Silalah masuk.
Fauzi:	Wah, banyaknya limau.
Alice:	Ini limau Mandarin. Ini yang kecil, itu yang besar.
Fauzi:	Mana satu yang sedap. Yang kecil atau yang besar?
Alice:	Ikut selera dan rasa masing-masing. Ada orang suka rasa limau yang kecil ni, ada pula suka yang besar-besar.
Fauzi:	Oh begitu. Awak suka limau mana?
Alice:	Saya suka rasa limau kecil macam ni. Kalau tak ada limau Mandarin di

	Tahun Baharu Cina ni, seperti tak sah tau.
Fauzi:	Oh ya kah. Benarkah perayaan Tahun Baharu Cina ni disambut oleh semua orang Cina tak kira kaum dan agama?
Alice:	Ya, betul. Perayaan ini disambut oleh semua kaum Cina tak kira mereka Hokkien, Teochew, Hakka, dan lain-lain, dan tak kira agama sama ada Buddha, Tua Pek Kong, mahupun Kristian, sebab Tahun Baharu Cina ini bukan perayaan agama, tetapi sambutan yang bersifat budaya dan adat bangsa Cina.
Fauzi:	Binatang apa untuk Tahun Baharu Cina kali ini?
Alice:	Ini kali tahun Naga lah.

Perbualan 3　Menyambut Hari Deepavali di Malaysia
情景三　在马来西亚庆祝屠妖节

Hany:	Selamat Hari Deepavali, Encik Siva.
Siva:	Terima kasih, terima kasih. Masuklah, masuklah, masuk.
Hany:	Wah, cantiknya rumah Encik Siva. Berseri-seri dan meriah.
Siva:	Terima kasih. Ini hari kan Deepavali, jadi rumah kenalah terang-benderang dan meriah. Eh, jemputlah minum dan makan ini maruku ini isteri saya masak.
Hany:	Rasa agak pedas maruku ni ya, tapi sedaplah.
Siva:	Oh maruku awak makan tu memang pedas. Nah, rasa ini, ini kurang pedas.
Hany:	Yang ini tak pedaslah. Amboi, bermacam-macam masakan Encik Siva ya. Masak sendiri kah?

Siva: Bukan, bukan, saya tak ada masak, saya tak boleh masak. Ini bukan saya masak, ini semua isteri saya masak. Masakan di Malaysia ni memang bermacam-macam ikut kaum. Setiap kaum mempunyai masakan istimewa masing-masing.

Hany: Ya, saya faham tu Encik Siva. Mengapa penganut Hindu memasang pelita dan lampu-lampu berwarna-warni pada malam Deepavali ni?

Siva: Pasal itu Deepavali dikenal sebagai Pesta Cahaya. Penganut Hindu sama ada lelaki, perempuan, tua, muda, dan kanak-kanak wajib memasang pelita tu tau.

Hany: Oh begitu.

II. Peluasan Kosa Kata
二、词汇拓展

（一）马来西亚全国性节日

(1) Hari Kemerdekan　　　独立日
(2) Hari Malaysia　　　马来西亚日
(3) Hari Keputeraan Rasmi Seri Paduka Baginda Yang Di-pertuan Agong
　　最高元首诞辰日

（二）马来西亚民族性节日

(1) Hari Raya Aidilfitri　　开斋节　　(2) Hari Raya Haji　　哈吉节
(3) Tahun Baharu Cina　　新年　　(4) Hari Wesak　　卫塞节
(5) Hari Thaipusam　　大宝森节　　(6) Hari Deepavali　　屠妖节

(7) Hari Krismas　　　　圣诞节　　(8) Chap Goh Mei　　元宵节
(9) Perayaan Qingming　　清明节　　(10) Pesta Perahu Naga　端午节
(11) Perayaan Kuih Bulan　中秋节　　(12) Hari Gawai　　　砂拉越丰收节
(13) Pesta Kaamatan　　　沙巴丰收节

III. Latihan
三、练习

你的马来西亚朋友 Latif 对中国的传统节日非常感兴趣，向你询问有关中国传统节日的情况。请你用马来语模拟一段对话，向他介绍一个中国的传统节日。

IV. Terjemahan Perbualan
四、参考译文

情景一　在马来西亚庆祝开斋节

阿里：开斋节快乐，请原谅我的过失，哈妮。
哈妮：我也祝你开斋节快乐，如果我之前有什么过错，请你原谅我。
阿里：我也是。
哈妮：哎，请进，坐这里。
阿里：谢谢，我坐下了。
哈妮：你一个人来的吗？有其他朋友来吗？
阿里：有，她们在来的路上。刚才我已经给她们打电话了，等一下儿她们就到了。
哈妮：你在看什么呢，阿里？过来一起吃饭。不要害羞，今天可是开斋节呢。
阿里：好的，好的。天哪，这些食物太好吃了。这些糕点都是你做的吗？

哈妮：也不都是啦，有些是我自己做的，有些是买的。

阿里：这样啊。

哈妮：哎，来吃马来粽、仁当肉、咖喱、沙爹，还有竹筒饭。开斋节的第一天，这些都是马来人必吃的食物。

阿里：哦，这样啊。这个仁当肉粽是你做的吗？

哈妮：不是，不是，这是我母亲做的。

阿里：哦。

情景二　在马来西亚庆祝华人新年

法乌兹：新年快乐，爱丽斯。

爱丽斯：新年快乐。谢谢，请进。

法乌兹：哇，好多橘子。

爱丽斯：是柑橘，这是大的，那是小的。

法乌兹：哪个好吃呢？大的还是小的？

爱丽斯：要看个人的口味，有人喜欢小的，也有人喜欢大的。

法乌兹：哦，这样啊。你喜欢哪种柑橘？

爱丽斯：我喜欢这样的小柑橘。你知道吗，如果没有柑橘，就完全不像过年了。

法乌兹：哦，这样啊。所有华人，不论什么民族和宗教，都庆祝中国新年，这是真的吗？

爱丽斯：是的，没错。所有华人，不论是福建人、潮州人、客家人或者其他人，不论他们信仰佛教、大伯公还是基督教，都会庆祝这个节日，因为中国新年不是宗教节日，而是中华民族的文化和习俗。

法乌兹：今年是什么年呢？

爱丽斯：今年是龙年。

情景三 在马来西亚庆祝屠妖节

哈妮：屠妖节快乐，西瓦先生。

西瓦：谢谢，谢谢。进来吧，进来，进来。

哈妮：哇，西瓦先生的家里好漂亮，又敞亮又热闹。

西瓦：谢谢。今天是屠妖节，所以房子装饰得明亮又喜庆。来，尝尝这些姆鲁古，这是我的妻子做的。

哈妮：这个姆鲁古味道好辣，但是很好吃。

西瓦：你吃的那个姆鲁古确实很辣，喏，尝一下儿这个，这个没有那么辣。

哈妮：这个不辣。天呐，西瓦先生，这里什么食物都有啊，都是你做的吗？

西瓦：不是，不是，我没做，我不会做。这些都是我的妻子做的。马来西亚有各式各样的美食，每个族群都有自己独特的美食。

哈妮：是啊，我明白了，西瓦先生。为什么印度教教徒会在屠妖节的夜晚装上五颜六色的灯呢？

西瓦：因为屠妖节又被称为灯节，印度教教徒无论男女老少都会点灯。

哈妮：原来如此啊。

Senarai Kosa Kata
单词总表

A

abang 哥哥 (8)	alah 哎呀 (20)
adakah 是否 (7)	alam sekitar 自然环境 (25)
adik lelaki 弟弟 (8)	alat 工具 (27)
adik-beradik (adik) 兄弟姐妹 (8)	alat kosmetik 化妆品 (30)
aduh 哎哟 (1)	alat letrik 电器 (27)
agaknya 大概 (10)	alhamdulillah 谢天谢地 (16)
agar 使得；以便 (12)	alipay 支付宝 (27)
Ahad 周日 (8)	alunan (alun) 波浪 (19)
air 水 (16)	amalan (amal) 习惯 (11)
air kosong 白开水 (16)	ambil 拿 (10)
ais 冰 (5)	ambil tahu 寻找；得知 (4)
aiskrim 冰淇淋 (6)	ambilkan (ambil) 拿 (7)
ajak 邀请 (5)	amboi 天哪 (3)
akademi 研究所 (8)	amoi 阿妹 (5)
akal 想法；计谋；技巧 (12)	analog 类似的 (27)
akan 将要 (3)	anggerik 兰花 (23)
akaun 账户 (28)	anggota 成员 (8)
akhir 最后；结束 (20)	angkasa 太空；天空 (22)
	antara 在……之间 (6)

apa 什么	(1)		bahan 材料	(25)
app 应用程序	(14)		bahasa 语言	(2)
arah 方向	(12)		baik 好的	(1)
arak 酒；酒精	(9)		baju 上衣	(7)
asal 来自	(1)		baju batik 巴迪服	(25)
ASEAN 东盟	(9)		Bak Kut Teh 肉骨茶	(15)
asrama 宿舍	(4)		bakat 天赋；才能	(11)
asyik 迷恋的；忙于	(18)		baki 余额	(15)
ataupun 或者	(13)		bakul 箩；筐	(26)
auditorium 大礼堂	(19)		balai 大厅	(13)
autonomi 自治的	(9)		balik 返回；回去	(14)
awak 你	(1)		bandar raya 大都市	(22)
awan 云；云层	(23)		bangau 鹤；鹭	(23)
Ayam Kung Pau 宫保鸡丁	(15)		bangsa 民族	(2)
			bantuan (bantu) 帮助	(5)
			banyak-banyak 很多的；大量的	(13)

B

bab-bab (bab) 事情	(20)		banyak 多	(5)
baca 读	(3)		bapa 父亲	(8)
badan 身体	(16)		barang 东西	(4)
badminton 羽毛球	(12)		baring 躺	(16)
bagaimana 怎么样	(1)		baris 排	(20)
bagasi 行李	(30)		bas 巴士	(4)
bagitahu 告诉	(8)		bas mini 迷你巴士	(13)
bagus 好	(1)		bateri 电池	(30)
bahagian (bahagi) 部分	(15)		bayangkan (bayang) 想象；反映	(12)
bahang 热；炎热	(6)		bayaran (bayar) 付款；费用	(10)

bayar 支付	(25)	berasal (asal) 来自	(2)
bebal 愚钝的	(27)	berat 沉重；重	(16)
bebas 自由；免于	(12)	beratur (atur) 排列	(25)
beberapa 几个；若干	(9)	berbalas (balas) 回答；对答	(19)
beg plastik 塑料袋	(25)	berbaloi (baloi) 合适的	(18)
beg tangan 手提包	(30)	berbalut (balut) 绑绷带	(16)
begitu 这样	(2)	berbentuk (bentuk) 以……的样式呈现	(19)
bekalan (bekal) 供应	(6)	berbeza (beza) 不同的	(15)
bekerja (kerja) 工作	(1)	berbulan (bulan) 数月	(31)
beku 凝固；凝结	(16)	berbulan-bulan (bulan) 数月	(27)
belajar 学习	(2)	berbusana (busana) 着装	(19)
belaka 完全；纯粹	(2)	bercampur (campur) 混合	(6)
belanga 锅	(26)	berdaya saing 有竞争力	(17)
belang 斑点	(11)	berdiri (diri) 站立	(16)
belanja 请客	(18)	berehat (rehat) 休息	(16)
belek-belek (belek) 翻看	(31)	bergaduh (gaduh) 吵架	(10)
belok 转向	(13)	bergaul (gaul) 与……接触	(24)
benar-benar 的的确确；确实	(11)	bergerak (gerak) 行动	(27)
benci 讨厌；厌倦；厌恶	(12)	bergetah (getah) 有黏性	(26)
benda 东西	(4)	berguna (guna) 有用的	(11)
bengkak 肿大；发肿	(16)	berhenti (henti) 停止；停下	(4)
bentuk 形式；样式	(24)	berinteraksi (interaksi) 与……互动	(24)
berangkat (angkat) 出发	(14)		
beransur (ansur) 逐渐	(16)		
berapa 多少	(2)		

berirama (irama) 有韵律	(11)	berpatutan (patut) 合适的；适中的	(25)
berita 新闻	(11)	berperibadi (peribadi) 有……品质；有……性格	(12)
berjaya (jaya) 取得成功	(12)	berputar (putar) 旋转	(22)
berjersi (jersi) 身着队服	(24)	bersamaan (sama) 等同于	(29)
berjumlah (jumlah) 总共；总计	(29)	bersara (sara) 退休	(1)
berkaitan (kait) 与……相关	(31)	bersejarah (sejarah) 有历史的	(22)
berkelah (kelah) 野餐	(8)	bersemangat (semangat) 有决心；有精神	(3)
berkembang (kembang) 发展	(17)	bersembang (sembang) 聊天儿	(27)
berkembar (kembar) 双重的	(22)	bersempadan (sempadan) 与……交界/接壤	(9)
berkenalan (kenal) 认识	(1)	bersenam (senam) 做操	(24)
berkenan (kenan) 满意；赞同	(25)	berseni (seni) 艺术的	(19)
berkisar (kisar) 围绕；环绕	(17)	berseri-seri (seri) 光辉亮丽的	(32)
berkongsi (kongsi) 分享；共享	(28)	bersiap (siap) 准备	(22)
berlaku (laku) 发生	(11)	bersiaran (siar) 播放；播出	(17)
berlari (lari) 跑	(11)	bersiar-siar (siar) 散步；漫游	(9)
berlatih (latih) 练习	(11)	bersih 干净	(6)
berlepas (lepas) 出发；离开	(13)	bersukan (sukan) 做运动	(24)
bermacam-macam (macam) 各种各样的	(15)	bersungguh-sungguh (sungguh) 努力	(2)
bermain (main) 玩	(2)	bertajuk (tajuk) 题为	(3)
bermakna (makna) 有意义的	(24)	bertanya (tanya) 询问；咨询	(17)
bermaya 有动力；有活力	(17)		
berminyak (minyak) 含油的（食物）	(16)		
berpantun (pantun) 诵读班顿	(19)		

berterusan (terus) 继续	(17)	bualbicara 访谈	(17)
bertiga (tiga) 三人	(8)	buat 做	(1)
bertolak (tolak) 出发	(20)	buatan (buat) 产品	(8)
berumur (umur) ……岁	(2)	Buddha 佛教（徒）	(32)
berunsur (unsur) 蕴含	(11)	buka 打开	(3)
berusaha (usaha) 努力	(12)	bukit 山丘	(22)
berwarna (warna) 有……颜色	(7)	buku 书	(3)
berwarna-warni (warna) 五颜六色	(7)	buku lalai 踝关节	(16)
		bumiputera 原住民；土著	(15)
Beserah 美塞拉	(26)	bunga 花	(6)
besok 明天	(3)	bunga kertas 杜鹃花	(23)
betina 雌性；女性	(23)	bunga peony 牡丹花	(23)
betul 对的	(1)	bunga plum 梅花	(23)
biasa 普通；平常	(6)	bunga raya 朱瑾花	(23)
bihun 米粉	(9)	bunga sakura 樱花	(23)
bijirin 谷物；杂粮	(16)	bungkusan (bungkus) 包裹	(10)
biji 颗；粒	(26)	bungkus 打包	(5)
bilik 房间	(4)	burung enggang 犀鸟	(23)
binatang 动物	(32)	burung flamingo 火烈鸟	(23)
bingkai 框；边	(16)	burung merak 孔雀	(23)
biru 蓝色的	(24)	butiran (butir) 证明	(31)
bola 球	(1)		
boleh 可以	(3)	**C**	
bosan 无聊的	(27)	cadangan (cadang) 建议；提议	(5)
buah 个；篇	(3)	cakap 说	(10)
buah 水果	(26)	canggih 现代的；先进的	(27)

canggung
尴尬的；别扭的；笨拙的 (27)
canselor 校长 (21)
cari 寻找 (4)
carta 积分榜 (24)
cedera 受伤 (16)
cek 支票 (29)
celsius 摄氏度 (6)
cerita 故事 (17)
cerpen 短篇小说 (11)
Char Kue Tiau 炒粿条 (15)
China University MOOC
中国大学慕课 (28)
cik 女士；小姐 (13)
cita-cita 理想 (12)
comel 可爱的 (18)
corak 图案；花纹；样式 (7)
cuaca 气候；天气 (6)
cuba 尝试 (14)
cukup 足够的 (5)
cuma 只；仅仅 (16)
cuti 假期 (15)
CV 个人简历 (31)

D

daerah 区；县 (9)
daging 肉 (5)
dahan 树干；树枝 (23)
dalam 在……里面 (4)
dan 和；且 (1)
dapat 能够；可以 (1)
darah 血 (16)
dari 从 (1)
datang 来 (2)
Datuk 拿督 (12)
DBP (Dewan Bahasa dan Pustaka)
马来西亚国家语文局 (21)
dekat 靠近；接近 (4)
demam 发热；发烧 (16)
demi 接着；为了 (11)
dengan 与；同 (1)
denominasi 面额 (29)
depan 前面的 (6)
destinasi 目的地 (14)
dewan 馆；厅 (24)
di 在 (1)
diadakan (ada) 被举办 (9)
dialek 方言 (19)
dibaca (baca) 被读；读起来 (11)
dibahagikan (bahagi) 被划分为 (31)
dibeli (beli) 被买 (8)
dibenarkan (benar) 被允许 (4)

diberikan (beri) 给予	(28)	dokumen 文件	(28)
dibiarkan (biar) 放任	(16)	dramatari 歌舞剧	(19)
dibuktikan (bukti) 被证明	(30)	duduk 坐下；居住	(3)
didengar (dengar) 被听；听起来	(11)	duit 钱	(5)
difahami (faham) 被理解	(12)	dulu 先；之前	(1)
digital 数字的	(27)	dunia 世界	(10)
diiklankan (iklan) 被推广	(17)	durian 榴莲	(26)
dijamin (jamin) 得到保证	(27)	Durian Kampung 甘榜榴莲	(26)
dijual-beli (jual-beli) 买卖	(19)		
dikalahkan (kalah) 打败；击败	(22)	**E**	
dikenal (kenal) 被认为	(9)	ekor 尾巴	(23)
dilakukan (laku) 发生；做	(8)	ekspo 博览会	(9)
dilarang (larang) 禁止	(30)	elok 好	(4)
dinding 墙壁；墙板	(16)	emak 母亲	(8)
dingin 寒冷的；严寒的	(16)	enak 美味的	(15)
dipakai (pakai) 被穿	(7)	encik 先生	(1)
diri 自己	(1)	entah 不知道	(4)
disambut (sambut) 被庆祝	(32)	erat 密切	(10)
diskaun 折扣	(25)	erti 意思；含义	(12)
disukai (suka) 被喜欢	(15)	etnik 种族	(22)
ditadbir (tadbir) 被管理	(22)		
diterbitkan (terbit) 被出版	(12)	**F**	
ditulis (tulis) 被……写；由……写	(11)	Facebook 脸书	(28)
		faedah 功能；用处	(24)
ditunaikan (tunai) 兑换现金	(29)	faktor 因素	(17)
doktor 医生	(12)	fikiran (fikir) 思想	(11)

fikir 思考；觉得；认为	(14)	gunung 山	(9)
filem 电影	(7)		
fizikal 生理上的	(24)	**H**	
Flyco 飞科	(28)	habis 结束	(3)
Frasarana 基础设施	(21)	habis 完成	(14)
fungsi 功能	(22)	haiwan 动物	(23)
		Hakka 客家（人）	(32)
		hal ehwal 时事	(24)
G		halaman 页；院子	(3)
gagal 失败	(10)	hal 事情	(5)
gajet 小玩意；小器件	(20)	hampir 接近；几乎	(6)
gambar 照片	(8)	hanya 只	(6)
ganggu 打扰	(11)	harap-harap 希望	(25)
ganti 代替	(27)	harapan (harap) 希望	(12)
gaya 风格；样子	(18)	harga 价格	(7)
gelanggang 运动场	(24)	Hari Deepavali 屠妖节	(32)
gelas 杯子	(26)	Hari Raya Aidilfitri 开斋节	(7)
gembira 高兴	(1)	harum 有香味的；芳香的	(23)
genap 正好的；完整的	(30)	harus 应该	(2)
gerak 动作	(19)	hasrat 意愿	(12)
gigi 牙齿	(26)	hati 心	(11)
giliran (gilir) 顺序	(29)	hebat 厉害的	(19)
gopoh 急忙的；匆忙的	(13)	hendak 想要	(13)
goreng 炒	(4)	hijau 绿色的	(9)
grup 群组；小组	(28)	hilang 丢失	(4)
gugur 脱落；掉落	(6)	hilir 下游	(22)
guna 使用	(3)		

hingga 直到	(6)	isi 填充；补充	(5)
hobi 爱好	(2)	Isnin 周一	(10)
Hokkien 福建（人）	(32)	istana 宫殿	(18)
hospital 医院	(1)	istilah 词汇	(12)
hotel 酒店	(13)	istimewa 特别的	(7)
hubungan (hubung) 关系	(10)	isu 话题	(17)
hujan 下雨	(6)	isu semasa 时事热点	(19)
hujung 末尾；末端	(25)	Itik Peking 北京烤鸭	(15)

I

J

ia 它	(5)	jadi 那么；成为	(4)
ibu 母亲	(8)	jaga 照顾	(6)
ibu kota 首府；省会	(9)	jaket 夹克；外套	(7)
ibu roti 酵母	(25)	jalan 路	(4)
ibunda 母亲	(21)	jalan kaki 走路	(13)
ijazah muda 本科	(31)	jambang 胡子	(28)
ikut 跟随；跟着	(12)	jangan 不要	(4)
ilham 灵感	(11)	janji 约定；承诺	(26)
ilmu 知识	(11)	jantan 雄性；男性	(23)
ilmu pendidikan 教育学	(21)	jari 手指	(27)
imigresen 移民局	(13)	jatuh cinta 爱上	(11)
impian (impi) 理想；梦想	(12)	jauh 远	(4)
individu 个人	(31)	jawatan kosong 空缺职位	(31)
industri 产业	(17)	Jd.Com 京东商城	(28)
ingat 记得	(4)	JDT 柔佛 DT 足球俱乐部	(24)
Insya-Allah 如真主所愿	(16)	je 而已（口语）	(14)

jelas 解释；清楚	(3)	kadar pertukaran 汇率	(29)
jenama 品牌	(25)	kailan 芥蓝	(26)
jenis 种类	(9)	kaitan (kait) 关联	(12)
jinak 温驯的；温和的	(23)	kakak 姐姐	(8)
jingga 橙色	(23)	kaki 脚	(22)
jom 走	(5)	kalah 失败	(27)
juadah 点心；糕点	(25)	kalau 如果	(4)
jual 卖	(6)	kali 次；倍	(4)
juara 冠军	(19)	kamus 字典	(4)
judul 主题；题目	(17)	kanan 右边	(13)
juga 也；同样	(2)	kanggaru 袋鼠	(23)
julukan 别名	(22)	kang 到时候；待会儿	(24)
Jumaat 周五	(10)	kantin 食堂	(5)
jumlah 总共	(5)	kantung plastik 袋装	(26)
jumpa 见	(1)	kapal layar 飞船	(22)
jurujual (jual) 售货员	(25)	kapal terbang 飞机	(14)
		kapal 船	(22)
K		karang 等一下儿；待会儿	(17)
kacak 英俊的	(18)	karib 亲密的；接近的	(10)
kacang buncis 菜豆	(26)	kari 咖喱	(32)
kad 卡	(5)	kasih 爱意	(1)
kad debit 借记卡	(25)	kasut 鞋子	(25)
kad keahlian 会员卡	(25)	kat 在	(1)
kad kredit 信用卡	(15)	kata 说；词	(4)
kad pengenalan 身份证	(29)	kategori 种类	(30)
kadang-kadang (kadang) 偶尔	(6)	kaum 族群；种族	(15)

kaunter 窗口	(5)	keluarga 家庭	(8)
kawan 朋友	(2)	kelulusan (lulus) 证书	(31)
kayu 木头	(27)	kemaafan (maaf) 宽恕；原谅	(32)
ke 去	(1)	kemarau 干燥的	(6)
kebah 退烧；冒汗	(16)	kemasukan (masuk) 进入；加入	(12)
kebangsaan (bangsa) 国民的	(8)	kembali 回到	(19)
kebudayaan (budaya) 文化	(11)	kembara 旅行	(29)
kecewa 失望	(31)	kemeja 服装；衬衫	(25)
kecil 小	(10)	kementerian (menteri) 部门	(19)
Kedah 吉打州	(19)	Kementerian Belia dan Sukan 青年及体育部	(24)
kedai 商店	(7)		
kedekut 吝啬的	(18)	kempen 活动；运动	(25)
kegemaran (gemar) 爱好	(8)	kemudahan (mudah) 设施；设备	(21)
kehidupan (hidup) 生活	(3)		
keindahan (indah) 美景；风景	(3)	kemudian 之后；以后	(13)
keinginan (ingin) 意愿；愿望	(12)	kemuncak 顶点；顶峰	(9)
kejayaan (jaya) 成功	(11)	kena 得；被	(3)
kejuruteraan kimia 化学工程	(31)	kenapa 为什么	(4)
keju 奶酪	(25)	kenduri 宴会；盛宴	(25)
kekal 持续	(10)	kepala 头	(1)
kelab 俱乐部	(24)	kepentingan (penting) 重要性	(31)
kelakar 幽默的	(19)	kepunyaan (punya) 为……所属	(24)
Kelantan 吉兰丹	(19)	kerajaan (raja) 政府	(17)
kelayakan (layak) 条件	(31)	kerana 因为	(12)
kelopak 花瓣	(23)	kereta api 火车	(14)
keluar 出去；出来	(14)	kereta api laju 高铁	(14)

kertas 纸	(14)	kompleks 综合楼	(13)
kerusi 椅子	(16)	komunikasi 通讯；传媒	(21)
kesakitan (sakit) 痛苦	(12)	kongsi 分享；共享	(12)
keselamatan (selamat) 安全	(13)	konsert 演唱会	(11)
kesempatan (sempat) 机会	(6)	kot 大概（口语）	(16)
kesian 可惜	(26)	kota 城市	(2)
kesihatan (sihat) 健康	(24)	kredit jam 学分	(28)
kesilapan (silap) 错误	(10)	Kristian 基督教（徒）	(32)
ketawa 笑	(27)	Kuala Lumpur 吉隆坡	(1)
ketegori 种类	(20)	kualiti 质量	(25)
keterlibatan (libat) 参与度	(24)	kucing 猫	(11)
ketibaan (tiba) 到达；抵达	(13)	kuih 糕点；点心	(25)
ketinggalan (tinggal) 落后	(20)	kuih-muih (kuih) 各种糕点	(15)
Ketua Pengarah 局长	(17)	Kuil Syurga 天坛	(21)
ketupat 马来粽	(32)	kuliah 课程	(3)
keutamaan (utama) 重视的事	(28)	kulit 皮肤；表面	(25)
kewangan (wang) 金融	(21)	kumpulan (kumpul) 集合	(12)
khabar 消息	(1)	kurang 没有；少于	(3)
khusus 特别；尤其	(8)	kursus 课程	(28)
kilang 工厂	(31)		
kilometer 千米	(21)	**L**	
kira 计算	(5)	ladang 农场	(26)
kira-kira 大约	(4)	lagi 再次	(1)
kiri 左边的	(13)	lagi pula 况且	(14)
kirim 寄，送	(27)	lagipun 况且	(14)
klinik 诊所	(16)	lagu 歌曲	(18)

lahir 出生	(27)	lembap 发展缓慢	(17)
lain 其他的	(4)	lembut 柔软的	(25)
laksa 叻沙	(15)	lengan 手臂；臂膀	(7)
laksa utara 北方叻沙	(26)	lepas 之后	(5)
lalu 之前；过去	(4)	letupan (letup) 爆炸	(17)
lalu 能够；可以	(16)	lewat 迟的	(29)
lalu-lalang 来来回回	(13)	lif 电梯；直升梯	(13)
laluan (lalu) 线路；路程	(14)	Liga Super Malaysia	
lama 久	(1)	马来西亚超级联赛	(24)
laman web 主页	(28)	lihat 看见；看	(7)
lambat laun 久而久之	(17)	limau 橘；柑；柚	(9)
lampu 灯	(21)	lirik 歌词	(11)
langsung 直接	(27)	lithium 锂	(30)
lapang 空闲的；空地	(10)	logam 金属	(27)
lapangan (lapang) 场地；空地	(14)	longan 龙眼	(9)
lapar 饿	(5)	luar 外面	(7)
larat 被冲走；减轻	(16)	luar biasa 不同寻常的	(15)
latihan 练习	(31)	luas 宽广的	(21)
lawa 好看的	(18)	lukisan (lukis) 画面；画卷	(23)
lawatan (lawat) 访问	(21)	lupa 忘记	(3)
layan 招待；对付	(18)		
layang-layang (layang) 风筝	(8)	**M**	
leceh 麻烦	(7)	macam 像	(6)
leka 入迷的	(4)	madah 话语；颂词	(19)
lemang 竹筒饭	(32)	mahal 昂贵的	(7)
lembap 潮湿	(6)	mahu 想要	(3)

mai 让；来	(27)	masalah 问题	(3)
main 玩；打	(1)	masam 愁眉不展的；酸的	(10)
majlis 会议	(19)	masih 仍然	(1)
maju 发达；进步	(20)	masuk 进入	(4)
makan angin 兜风	(8)	masyarakat 社会	(7)
makanan (makan) 食物；美食	(9)	mata 眼睛	(11)
makanan ringan 零食	(25)	mata pelajaran 专业	(12)
maklum 通知；告知	(10)	mati 死去；死亡	(12)
maklumat 信息	(31)	Medan Tian'anmen 天安门广场	(21)
makmur 繁荣的	(21)	melalui (lalu) 通过	(16)
maksud 意思	(11)	melambak (lambak) 随意翻看	(31)
malas 懒惰的	(19)	melancong (lancong) 旅游	(9)
Malaysia 马来西亚	(1)	melarat 严重	(1)
malu-malu (malu) 害羞	(32)	melati 茉莉花	(4)
mampu 能够	(27)	melawat (lawat) 拜访；访问	(16)
mana 哪里	(1)	melayan (layan) 翻看	(31)
Mandarin 汉语	(2)	melayang (layang) 飞起来	(11)
mangsa 受害者	(29)	Melayu 马来（的）	(2)
manis 甜的	(15)	meletup (letup) 轰动；爆炸	(17)
mantap 稳定的；出色的	(18)	memahami (faham) 理解	(10)
manual 手工的	(27)	memainkan (main) 扮演	(21)
marah 生气	(10)	memaklumkan (maklum)	
mari 来	(5)	通知；告知	(28)
maruku 姆鲁古	(32)	memandu (pandu) 开车	(8)
masa lapang 空闲时间	(24)	memang 非常	(3)
masak 煮；炒	(4)	memasang (pasang) 装上；点上	(32)

memastikan (pasti) 确保	(12)	menari (tari) 跳舞	(2)
memasukkan (masuk) 添加；进入	(10)	menarik (tarik) 吸引人的	(7)
membalas dendam 报仇	(17)	mencadangkan (cadang) 建议	(14)
membantu (bantu) 帮助	(10)	mencari (cari) 寻找	(17)
membeli-belah (beli) 购物	(14)	mencipta (cipta) 创作	(11)
memberikan (beri) 给予；带来	(7)	mencukupi (cukup) 足够	(27)
membosankan (bosan) 厌倦的；无聊的	(12)	mendaftarkan (daftar) 注册	(28)
membunuh (bunuh) 杀	(17)	mendengar (dengar) 听	(2)
memegang (pegang) 握着；抓着	(16)	menemankan (teman) 陪同	(18)
memindahkan (pindah) 转移；搬迁	(27)	menerbitkan (terbit) 出版	(12)
memohon (mohon) 申请	(30)	menetapkan (tetap) 确定；设立	(12)
memperbaiki (baik) 修理	(27)	mengada-ngada (ada) 装模作样；做梦	(18)
memperkenalkan (kenal) 介绍	(8)	mengajar (ajar) 教	(3)
memperoleh (peroleh) 获得	(12)	mengandungi (kandung) 包括	(30)
memproseskan (proses) 处理	(20)	menganggur (anggur) 失业	(31)
mempunyai (punya) 拥有	(7)	mengapa 为什么	(4)
memudahkan (mudah) 简化；方便	(28)	mengelilingi (keliling) 环绕	(9)
menang 获胜	(27)	mengeluarkan (keluar) 出	(18)
menangani (tangan) 办理；处理	(30)	mengesahkan (sah) 确认	(16)
menara 塔	(21)	mengganggu (ganggu) 打扰	(13)
Menara Berkembar Petronas 吉隆坡石油双峰塔	(22)	menghadap (hadap) 朝向	(20)
		menghadapi (hadap) 面对	(12)
		menghargai (harga) 珍惜	(10)
		mengharumkan (harum) 使……闻名	(12)

menghayati (hayat) 体验；感受 (21)	menyebelah (sebelah) 靠边 (20)
menghijaukan (hijau) 绿化 (25)	menyelesaikan (selesai) 解决 (12)
menghimpunkan (himpun) 集中 (22)	menyertai (serta) 参加 (11)
menghulurkan (hulur) 伸出 (16)	menyokong (sokong) 支持 (24)
mengikut (ikut) 随着；跟着 (15)	merasa (rasa) 感受 (6)
mengingatkan (ingat) 提醒 (29)	merasai (rasa) 品尝；感受 (15)
mengisi (isi) 填充 (24)	merawat (rawat) 医治；治疗 (12)
mengunjungi (kunjung) 访问；游览 (21)	mercu tanda 地标建筑 (21)
	merdu 动听；悦耳 (18)
menjaga (jaga) 照顾；保持 (24)	meriah 热烈的；热闹的 (21)
menonton (tonton) 观看 (2)	mesin 机器 (14)
mental 心理上的 (24)	mesti 必须 (3)
mentega 牛油 (25)	meter 米 (13)
menu 菜单 (15)	metro 地铁 (14)
menuju (tuju) 指向；去向 (12)	mi 面 (15)
menulis (tulis) 写 (11)	Mi Hokkien 福建面 (15)
menunjukkan (tunjuk) 展示 (11)	milo 美禄 (5)
menyala (nyala) 点燃；点亮 (21)	minat 喜欢；感兴趣 (18)
menyambung (sambung) 继续 (30)	minggu 星期 (6)
menyambut (sambut) 庆祝 (10)	minit 分钟 (4)
menyampaikan (sampai) 传达；传递 (11)	minta 请求 (1)
	minum 喝 (5)
menyangkutkan (sangkut) 挂；悬挂 (16)	minuman (minum) 饮料 (15)
	muat turun 下载 (27)
menyanyi (nyanyi) 唱歌 (2)	muda 年轻 (1)
menyapu (sapu) 触及；扫；拭 (23)	mujur 幸好；万幸 (16)

muka 脸；面	(10)	novel 小说	(11)
mula 开始	(3)	nyanyian (nyanyi) 演唱	(11)
mulia 崇高的；高尚的	(12)		
mulut 嘴巴	(16)	**O**	
muncul 出现	(4)	orang 人	(1)
murah 便宜的	(7)		
Musang King 猫山王（榴莲）	(26)	**P**	
musim 季节	(6)	pada 在	(5)
Mutiara Timur 东方明珠塔	(21)	padahal 其实；实际上	(26)
muzik 音乐	(18)	padi 稻谷	(11)
		pagi 早上	(1)
N		Pahang 彭亨州	(26)
nah 喏	(3)	pahlawan 英雄	(4)
naik 乘坐	(4)	pakaian (pakai) 衣服	(7)
nama 名字	(1)	pakai 使用	(14)
nampak 看起来	(1)	pakar 专家	(10)
nanti 待会儿；到时	(1)	paling 最	(4)
nasi 饭	(4)	panas 热	(6)
Nasi Ayam Hainan 海南鸡饭	(15)	pandai 擅长的；厉害的	(8)
nasi lemak 椰浆饭	(8)	pandangan (pandang) 看法；观点	(17)
nasib 命运	(16)		
nasihat 建议	(7)	panggung 看台	(18)
negeri 州	(2)	panorama 全貌；面貌	(22)
ngam 合心意的	(31)	pantai timur 东海岸	(19)
nombor 编号；序号	(14)	pantun 班顿	(11)
notis 告示；告知	(30)	pasal 事情	(3)

pasangan (pasang) 配偶	(20)	peluh 汗	(24)
pasaran (pasar) 市场	(27)	pemain (main) 运动员	(12)
pasport 护照	(29)	pemandu (pandu) 司机	(13)
pasti 一定	(6)	pemantun (pantun)	
pasukan (pasuk) 队伍；球队	(24)	诵读班顿的人	(19)
patut 怪不得；应该	(16)	pembelian (beli) 购买	(30)
pawagam 电影院	(7)	pembuka (buka) 开幕	(19)
payah 必要；必须；需要	(13)	pembunuh (bunuh) 杀手	(17)
pecah 破；打破	(30)	pementasan 演出	(19)
pedas-pedas 特别辣的	(15)	pemeriksaan (periksa) 检查	(13)
pegang 拿；握	(5)	pemerintahan (perintah)	
pejabat (jabat) 办公室	(30)	统治；政权	(21)
pekan 镇	(9)	pen 笔	(3)
pekerjaan (kerja) 工作	(8)	penat 累；劳累	(30)
Peking Universiti 北京大学	(28)	pencukur (cukur) 剃刀	(28)
pek 包；袋	(26)	pendidikan (didik) 教育	(21)
pelaburan (labur) 投资	(9)	penduduk (duduk) 居民；公民	(15)
pelajaran (ajar) 课程	(3)	penerangan (terang) 解释	(31)
pelakon (lakon) 演员	(17)	penerbangan (terbang)	
pelancong (lancong) 游客	(22)	航程；航线	(13)
pelancongan (lancong)		pengacara (acara) 主持人	(19)
旅游；旅游业	(9)	pengajian (kaji) 研究	(8)
pelanggan (langgan) 顾客	(29)	pengangkutan (angkut) 运输	(14)
pelbagai (bagai) 多样的	(7)	penganut (anut) 信徒	(32)
pelita 明灯	(32)	pengarang (karang) 作者	(11)
peluang (luang) 机会	(11)	pengaruh 影响	(19)

pengeboman (bom) 爆炸	(17)	perindustrian (industri) 产业；工业	(21)
pengetahuan (tahu) 知识	(12)	perisik (risik) 间谍	(17)
pengganas (ganas) 恐怖分子	(17)	perit（喉咙）刺痛的	(16)
pengsan 晕倒；昏迷	(16)	perjalanan (jalan) 路程	(14)
pening 头晕；头疼	(1)	perkembangan (kembang) 发展	(17)
penjelasan (jelas) 解释；阐释	(17)	perkhidmatan (khidmat) 服务	(20)
penonton (tonton) 观众	(17)	perlahan 缓慢	(19)
pensyarah (syarah) 老师；讲师	(3)	perlawanan (lawan) 比赛；球赛	(24)
pentadbiran (tadbir) 管理；行政	(21)	perlepasan (lepas) 出发；离开	(13)
pentas 舞台	(18)	perlu 需要	(8)
penting 重要的	(7)	pernah 曾经	(14)
penuh 充满；满的	(10)	perpeluhan (peluh) 出汗的	(7)
penyakit (sakit) 疾病	(12)	perpustakaan (pustaka) 图书馆	(13)
penyanyi (nyanyi) 歌手	(18)	persahabatan (sahabat) 友谊	(10)
penyebab (sebab) 原因	(17)	persegi (segi) 平方	(21)
peperiksaan (periksa) 考试	(12)	persekutuan (sekutu) 同盟；联盟	(9)
peralatan (alat) 设备；装备	(24)	pertandingan (tanding) 比赛	(19)
peranan (peran) 角色；任务	(7)	pertukangan (tukang) 手工	(27)
perayaan (raya) 庆祝	(32)	perubatan (ubat) 医学	(12)
perbandaran (bandar) 市政	(21)	pesanan (pesan) 叮嘱；嘱咐	(19)
perbezaan (beza) 区别	(15)	pesat 快速；迅速	(17)
percakapan (cakap) 说话	(19)	pesawat (sawat) 飞机	(13)
percaya 相信	(10)	Pesta Cahaya 灯节	(32)
perdagangan (dagang) 贸易	(9)	petang 下午	(1)
pergi 去	(1)	petik 动	(27)
peribadi 私人的；个人的	(4)		

petrokimia 岩石化学	(31)	putih 白色的	(18)
Phillips 飞利浦	(28)		
pilih 选择	(7)	**R**	
pilihan (pilih) 选择	(5)	radang 发热；发烧	(16)
pinjam 借	(3)	radio 收音机	(2)
pintu 门口	(13)	ragut 抢夺	(29)
politik 政治	(21)	rajin 勤奋	(3)
positif 积极的	(24)	rakan 朋友	(10)
prasarana 基础设施	(21)	ramai 很多的；喧闹的	(6)
profesional 专业的；职业的	(12)	rancangan (rancang) 计划	(20)
provinsi 省	(2)	rasa 感觉	(3)
puan 女士	(5)	rasmi 正式的	(7)
puas 满意的；足够的	(4)	ratus 百	(13)
puas hati 满意；满足	(18)	realiti 现实；实际	(12)
puisi 诗歌	(11)	rendah 低；矮	(8)
pukul 点；打	(3)	rendang 任当肉	(15)
pula 也	(4)	replika 模型；样式	(22)
pulang 回去	(4)	restoran 餐厅；饭店	(15)
pulih 恢复；痊愈	(6)	reti 知道	(20)
puluhan (puluh) 几十	(28)	risau 焦虑；担忧	(5)
pun 也；同样	(1)	rimas 忧虑；不安	(7)
punai 鸽子	(11)	ringgit 令吉	(7)
punca 原因	(16)	ringkas 简单的	(31)
puncak 顶峰；高峰	(23)	rompak 抢劫；抢夺	(29)
purata 平均	(6)	roti 面包	(25)
pusat 中心	(21)	Roti Canai 印度煎饼	(15)

ruangan (ruang) 空间	(17)	sapa-sapa 任何人（口语）	(10)
rugi 损失	(18)	sarapan (sarap) 早餐	(9)
rujukan (rujuk) 参考	(31)	Sarawak 砂拉越	(2)
rumah 家	(8)	sasterawan (sastera) 文学家	(11)
rumit 复杂	(19)	sate 沙爹	(15)
rupanya (rupa) 原来	(4)	saudari 你（女性）	(29)
rusa 鹿	(23)	sawah 水田；稻田	(11)
rusuk 肋骨	(26)	saya 我	(1)
		sayur 蔬菜	(5)
S		sebab 因为；原因	(4)
sabar 忍受；忍耐	(9)	sebagai (bagai) 作为	(9)
Sabtu 周六	(4)	sebarang (barang) 任何的	(29)
sains 科学	(12)	sebelah (belah) 边；侧；部分	(20)
saiz 尺码	(25)	sebelum (belum) 在……之前	(14)
salah satu 其中一个	(7)	sebenarnya (benar) 实际上	(9)
salam 问候	(2)	sebentar (bentar) 一会儿	(20)
salji 雪	(21)	sebotol (botol) 一杯	(5)
sama 一样	(1)	sebuah (buah) 一个；一副	(23)
sambil 一边……一边……	(23)	secara (cara) 以……方式	(14)
sampai 到达	(4)	sedang 正在	(3)
samudera 海洋	(22)	sedap 美味的；愉快的	(11)
sana 那里	(1)	sederhana 普通的；中等的	(7)
sangat 非常	(4)	sedikit 一点点	(5)
santai 舒适的	(6)	segar 清新；新鲜	(6)
sapa 谁（口语）	(12)	sehebat (hebat) 同样厉害	(24)

sehingga (hingga) 直到	(13)	semalam 昨天；一晚	(3)
sejahtera 和平	(2)	sembuh 恢复；康复	(16)
sejak 从；自从	(10)	semenanjung 半岛	(9)
sejam (jam) 一小时	(10)	semester 学期	(20)
sejarah 历史	(10)	seminggu (minggu) 一星期	(24)
sejuk 冷；冰	(6)	semoga 祝愿；希望	(11)
sekadar (kadar) 对应的；相应的	(24)	semua 全部	(2)
sekarang 现在	(1)	senang 简单	(3)
sekejap (kejap) 一会儿	(7)	sen 仙	(25)
sekelas (kelas) 同班	(2)	senasib gamaknye 同病相怜的	(27)
sekian (kian) 到此为止	(2)	sendiri 自己的	(8)
sekilo (kilo) 一公斤	(26)	senja 傍晚	(21)
sekurang-kurangnya (kurang) 至少	(31)	sentuh 涉及；触及	(19)
		sepak 踢	(2)
selain (lain) 除了	(8)	sepanjang (panjang) 一整（天、年等）	(6)
selaku (laku) 作为	(17)	separuh (paruh) 一半	(26)
selalu 经常	(1)	serat 不易消化的食物	(16)
selamat 和平；安全	(1)	sering 经常	(8)
selatan 南部；南方	(9)	serius 严重的	(16)
selepas 在……之后	(7)	sesak 拥挤的	(18)
selera 胃口	(16)	sesuai 合适的	(14)
selesai 结束	(3)	setahu saya 据我所知	(9)
selesa 舒服	(6)	setempat (tempat) 当地的	(24)
seluruh (luruh) 整个；全部	(28)	setengah (tengah) 一半	(14)
semak 查询	(20)		

setiap (tiap) 每一（天、年等）	(9)	stesen 车站	(17)
setuju (tuju) 同意	(24)	suara 声音	(18)
sewa 租	(31)	suasana 氛围	(19)
Siam 暹罗	(19)	suatu 某一	(6)
siap 完成	(3)	sudah (dah) 已经	(1)
siapa 谁	(1)	sudut 角落	(25)
sidang 会议	(9)	suhu 温度	(6)
sihat 健康	(1)	suhu badan 体温	(16)
sijil 证明	(31)	suka 喜欢	(2)
sila 请	(3)	sukar 困难的	(12)
silam 远古的	(19)	sukses 成功	(11)
silap 错误	(10)	sunyi 安静的	(29)
simpanan (simpan) 存	(31)	sup 汤	(5)
simpang 岔路口	(13)	supaya 使得	(5)
simpan 保存	(4)	surat khabar 报纸	(11)
sini 这里	(13)	suri rumah 家庭主妇	(8)
sistem 系统	(28)	suruh 命令；吩咐	(3)
situasi 场合	(7)	susah 困难	(1)
skan 扫码；扫描	(28)	susah-susah 困难的	(16)
skop 范围	(31)	susu cair 牛奶	(25)
skrin 屏幕	(27)	susu tepung 奶粉	(25)
skuasy 壁球	(24)	susut 贬值	(31)
slip 单据	(29)	syarat 条件	(28)
spesies 种类；物种	(23)	syarikat 公司	(1)
stadium 体育馆	(24)	syukur 谢天谢地	(4)

T

tahu 知道	(3)	teh 茶 (5)
tahun 年	(1)	teh tarik 拉茶 (5)
tak 没有	(1)	tekak 喉咙 (16)
takkan 不会	(4)	tekanan (tekan) 压力 (16)
takut 担心；害怕	(13)	teka 猜测；推测 (17)
talian (tali) 线	(14)	teks 课文 (3)
taman 公园	(8)	telefon pintar 智能手机 (27)
tambang 费用；车费	(14)	televisyen 电视 (2)
tandatangan 签名	(29)	teliti 认真；细致 (3)
tangan 手	(16)	telur 蛋 (5)
tangga 位置；排列	(24)	tembikai 西瓜 (26)
tanggungjawab 责任感	(24)	Tembok Besar 长城 (21)
tangkai 根；茎	(26)	tempahan (tempah) 订购 (20)
tanpa 没有	(10)	tempat awam 公共场所 (17)
Taobao 淘宝	(28)	tempatan (tempat) 当地的 (9)
tapak 基地；脚掌；脚步	(9)	temuduga 面试 (31)
tapi 但是	(1)	tenang 沉静的；平稳的；淡定的(12)
tarikan (tarik) 吸引的东西	(9)	tengah 正在 (8)
tarikh 日期	(30)	tengok 看 (6)
tawar 清淡的	(15)	tentang 有关；关于 (3)
tayangan (tayang) 放映；播放	(17)	tenusu 乳 (25)
teater 戏剧	(19)	Teochew 潮州（人）(32)
tebal 厚的	(7)	tepat 合适；适合 (17)
tebing 河边	(21)	tepuk 拍 (11)
tegak 站立；挺立	(21)	tepung gandum 面粉 (25)
		tepung penaik 发酵粉 (25)

terang-benderang 十分明亮	(21)	terrorist 恐怖分子	(17)
terasa (rasa) 感觉	(16)	tersebut (sebut) 刚才的；上述的	(15)
terbakar (bakar) 被烧	(4)	terserah (serah) 取决于	(28)
terbaru (baru) 最新的	(17)	teruk 严重	(16)
terbesar (besar) 最大的	(21)	terunggul (unggul) 杰出的；优秀的	(28)
terdiri (diri) 被建造；站起来	(15)	terus 直接	(10)
terdiri daripada 由……组成	(15)	tetap 确定的；永久的	(9)
tergantung 取决于	(24)	tidak 不	(4)
terhad (had) 有限的	(25)	tiket 车票	(14)
terhantuk (hantuk) 碰撞；碰到	(16)	timba 水桶	(19)
terima 接受	(1)	timbang 称	(26)
teringat (ingat) 想起	(19)	timur 东部；东方	(9)
terjatuh (jatuh) 掉落；跌落	(16)	timur laut 东北	(9)
terkehel (kehel) 脱臼	(16)	tin 罐头	(25)
terkejut (kejut) 惊恐；惊吓	(4)	tinggal 居住；留下	(4)
terkembang (kembang) 展开	(23)	tinggalan (tinggal) 遗址；遗物	(22)
terkena (kena) 被；遭受	(16)	tinggi 高	(4)
terkenal (kenal) 最著名	(9)	tingkat 层；等级	(4)
terkenangkan (kenang) 想起	(27)	tinjau 调研	(22)
terkini (kini) 最新	(17)	tirai 大幕；序幕	(19)
terkorban (korban) 牺牲；死亡	(17)	token 币	(14)
terlalu 太；过于	(12)	tolak 推	(25)
terlibat (libat) 包含；包括	(18)	tolong 帮助	(5)
terliur (liur) 流口水；想吃	(22)	tomato 番茄	(5)
terpulang (pulang) 有赖于；取决于	(5)	topik 话题	(28)

tradisional 传统的	(7)	usia 年龄	(22)
transit 转车；转机	(23)	utama 主要的	(5)
troli 手推车	(25)	utara 北部；北方	(9)
Tua Pek Kong 大伯公	(32)	utusan (utus) 使者	(11)
tuan 先生	(7)		
tubuh badan 身体	(24)	**V**	
tujuan (tuju) 目的	(30)	visa 签证	(30)
tulis 写	(3)	vokal 声音	(18)
tumpang tanya 请问	(13)		
tumpuan (tumpu) 集中；焦点	(22)	**W**	
tunai 现金	(27)	wajib 必须的	(32)
tunggu 等待	(13)	wakil 代表	(11)
turun 下	(13)	walaupun 尽管	(3)
		wang tunai 现金	(15)
U		wang 钱	(5)
ubat 药	(16)	waranti 保修期	(27)
Udang Merah 红虾	(26)	warisan (waris) 遗产；遗物	(11)
udara 空气	(6)	wayang kulit 皮影戏	(19)
ugut 威胁	(29)	wayang 电影	(17)
undangan (undang) 邀请	(18)	WeChat 微信	(28)
ungu 紫色的	(23)	WeChat pay 微信支付	(27)
unit 单位；组	(31)	weh 喂	(18)
universiti 大学	(2)	wilayah 区域	(9)
urusan (urus) 业务；办理	(29)		
urutan (urut) 顺序	(31)	**X**	
usah 不必；不需要	(7)	X-ray X光	(16)

Y

ya 是的 (1)

Z

zaman 时代 (19)
zoo 动物园 (7)